Prix 15 fr.

HYDRAULIQUE.

UTILISATION DE LA FORCE VIVE DE L'EAU

APPLIQUÉE A L'INDUSTRIE.

CRITIQUE DE LA THÉORIE CONNUE ET EXPOSÉ D'UNE THÉORIE NOUVELLE,

PAR L.-D. GIRARD,
INGÉNIEUR CIVIL.

Avec 13 Planches

PARIS,
MALLET-BACHELIER, IMPRIMEUR-LIBRAIRE
DU BUREAU DES LONGITUDES, DE L'ÉCOLE IMPÉRIALE POLYTECHNIQUE,
Quai des Augustins, 55.

1863

(AVEC TREIZE PLANCHES.)

HYDRAULIQUE.

UTILISATION DE LA FORCE VIVE DE L'EAU

APPLIQUÉE A L'INDUSTRIE.

CRITIQUE DE LA THÉORIE CONNUE ET EXPOSÉ D'UNE THÉORIE NOUVELLE,

PAR L.-D. GIRARD,

INGÉNIEUR CIVIL.

CHAPITRE PREMIER.

Historique et réalisation du principe de la libre déviation.

J'ai hésité jusqu'à présent à aborder une question qui depuis une quinzaine d'années me préoccupe, et qui se rapporte aux formules générales que plusieurs savants hydrauliciens ont données pour l'établissement des moteurs hydrauliques nommés *turbines*, appliqués dans l'industrie depuis vingt-cinq ans environ sur d'assez larges bases.

Ces nouveaux moteurs, qui ont donné tout ce qu'on devait en attendre au moment de leur édification, semblaient ne plus répondre aux exigences de l'industrie, qui demande à ces moteurs de remplir des conditions plus variées que celles qu'ils avaient remplies jusqu'alors; et c'est ce qui me détermina il y a une quinzaine d'années à m'occuper de réaliser un nouveau principe, qui me paraissait répondre à ces nouvelles exigences.

Avant d'aborder les recherches qui m'ont conduit à découvrir quelques imperfections dans la théorie admise sur les effets qui se produisent par le mouvement de l'eau dans les récepteurs, je crois utile de passer en revue rapidement les moteurs hydrauliques de cette nature qui ont eu pour objet l'utilisation de la force vive de l'eau, au lieu d'en utiliser le poids pour en recueillir la force motrice.

Je ne m'étendrai pas bien loin sur tout ce qui a été produit, et je me bornerai à parler seulement des moteurs qui ont rang dans l'industrie, et de quelques études sur les différents modes d'action de l'eau, qu'on s'est proposé de réaliser, mais qui n'ont pas été suivis de la pratique.

En première ligne nous rencontrons la roue à palettes planes, semblable à celles qui avaient été établies à Marly sous Louis XIV : deux de ces moteurs sont restés jusqu'à ces derniers temps, et ont été remplacés par des roues qui utilisent le poids de l'eau par côté.

Dans ces anciennes roues, que tout le monde a pu voir encore, il y a environ six ans, l'eau était lancée avec toute la vitesse due à la charge génératrice de la chute, venait frapper les palettes planes, déterminait un choc brusque qui mettait en mouvement ladite roue. L'eau, après ce choc, tourbillonnait pour éteindre la force vive due à l'excès de vitesse de l'eau d'arrivée sur celle des palettes, puis elle marchait en commun avec elles, et sortait finalement dans le coursier d'aval avec une vitesse égale à celle des palettes elles-mêmes.

De là, comme il est facile de le voir, il résultait une grande déperdition représentée par la perte de force vive de l'eau à l'entrée de la roue et à sa sortie.

M. Poncelet vient ensuite, et aborde la question de cette perte par de savants calculs et par la pratique, et il finit, grâce à la persévérance qui le distingue, et à des observations faites couché à plat ventre dans le coursier de la première roue à aubes courbes, par découvrir avec exactitude la marche des filets liquides dans leur mouvement relatif; on peut faire, en effet, beaucoup de théories, mais la pratique est le jugement en dernier ressort. Sans entrer dans aucun détail des calculs du savant professeur de Metz, que tous les hommes compétents connaissent, on peut dire qu'il est le premier qui ait réalisé l'admission à grande vitesse de l'eau motrice dans des aubes courbes, sans choc, et l'en ait fait sortir après avoir déposé son travail mécanique, sans vitesse sensible dans son mouvement absolu.

A partir de cet instant, on voit surgir une foule d'idées plus ou moins ingénieuses pour utiliser la force vive de l'eau; en première ligne, on voit M. Burdin, ingénieur plein d'imagination, inventeur extraordinaire, mais moins réfléchi que M. Poncelet, et possédant des idées moins pratiques. Il avait surtout cette manie de tous les hommes à grande imagination, de ne pas suivre les traces de leurs devanciers.

Puis vint M. Fourneyron, son élève. Très-intelligent, surtout très-posé, l'inverse de son professeur, il aperçut que dans l'imagination de M. Burdin il y avait beaucoup à prendre, mais aussi beaucoup à laisser, et ils formèrent ensemble une association pour la création d'un nouveau moteur à grande vitesse qui devait avoir son axe vertical, comme l'avait déjà imaginé le célèbre géomètre Euler.

Mais, comme nous venons de le dire, l'imagination de l'ingénieux professeur l'empêchait de suivre non-seulement la direction prise par M. Poncelet, mais aussi celle d'Euler, et cependant il fallait, quoi qu'on fasse, suivre l'un ou l'autre de ces deux champions qui avaient planté les premiers jalons de deux principes bien distincts, et que malheureusement confondent encore des hommes que je n'ose nommer par déférence.

Mais revenons à nos deux associés. Nous venons de dire que M. Burdin ne voulait pas suivre les données de ses devanciers, car il avait trop l'esprit inventif pour se plier à cette exigence, tandis que M. Fourneyron, au contraire, ne dédaignait pas de les suivre en prenant ce qu'il trouvait bon pour constituer son immortel moteur qui prit le nom de *turbine*. Disons en passant que cette création ne put se faire que par la séparation volontaire des deux associés en suivant une route différente: seulement M. Fourneyron suivait la bonne, celle tracée par ses devanciers, et il réussit; M. Burdin, au contraire, cherchait en dehors des principes posés, il devait échouer et il échoua. Je définirai ainsi ces deux intelligences : M. Burdin, trop d'imagination, se laissant entraîner dans des théories infinies; M. Fourneyron, au contraire, peut-être trop posé, trop stable dans ses idées, pas assez artiste, mais homme de précision, et si son imagination ne l'entraînait que dans certaines régions, il cherchait la bonne, et il arrivait à son but.

On lui doit donc la création d'un nouveau moteur, basé sur le principe de réaction émis par Euler. Ce principe consiste à opérer en quelque sorte un embarquement à la course (il l'a effectué, lui, sans pression accélératrice) dans un vase tournant, quelle que soit d'ailleurs la forme de ce vase, horizontal ou vertical, comme Euler l'avait représenté : tout cela est indifférent, car il aurait pu aussi être oblique que cela n'ajouterait rien de plus; seulement Euler avait bien opéré l'embarquement avec des directrices continues, mais il avait oublié de faire de pareilles directrices pour le débarquement, ce que M. Fourneyron n'a pas oublié, lui, et qui a facilité la réussite complète de son moteur.

A partir de cet instant, les imitateurs n'ont pas tardé à surgir, en faisant faire simplement aux courbes Fourneyron un quart de conversion, et on a vu successivement les turbines Fontaine, Kœchlin, etc., sans compter les hommes qui n'ont travaillé la question que scientifiquement.

Ces nouvelles dispositions devaient réussir aussi bien que la première, puisqu'elles avaient les mêmes éléments.

Je me suis souvent demandé, lorsque je suivais les cours de M. Poncelet, pourquoi on ne cherchait pas à réaliser le principe posé par ce dernier, qu'il appelait la libre circulation, et que j'ai appelé plus tard la libre déviation, pour obtenir un effet continu de l'action de l'eau sur des aubes courbes, dont l'axe de rotation serait vertical; il est probable qu'il était moins difficile de copier la réaction de Fourneyron que de chercher à constituer un moteur à libre déviation.

Certes, M. Poncelet avait tous les éléments nécessaires pour constituer une turbine d'après le principe qu'il avait réalisé dans sa roue à aubes courbes, et que nous pouvons définir aussi simplement que celui d'Euler : il avait pour objet de lancer une veine d'eau, avec la vitesse totale due à la charge génératrice de la chute, qui, dirigée sur une courbe très-inclinée dans le sens de l'arrivée de l'eau, devait s'y engager sans choc pour y circuler sur la partie concave et sortir à l'autre extrémité sans vitesse absolue sensible.

Mais il lui répugnait de rentrer en concurrence avec M. Fourneyron; d'ailleurs la science, selon lui, n'avait plus rien à gagner, puisque le principe avait été posé par lui et réalisé : il avait donc planté le drapeau de la libre circulation qui est devenue plus tard, comme je le dis plus haut, la libre déviation; et ce n'a été que dans ses moments de loisir qu'il a voulu quelquefois généraliser ce principe, en abordant une autre circulation de l'eau motrice dans les aubes, qu'on pourrait appeler la libre déviation à veine moulée. M. Morin fit essayer, au Boucher, un moteur construit par lui et basé sur ces idées nouvelles.

Il me serait difficile de suivre tous les inventeurs qui ont pris des brevets d'invention sur divers genres de turbines dont la plupart n'ont pas seulement été mises en pratique. Je citerai cependant un appareil qui a reçu quelques applications et que j'ai eu occasion de remplacer à la filature de Polonne, près Biella (Italie), et qui portait le nom de turbine d'André de Thann. Cet inventeur avait pris exactement la forme de la disposition Kœchlin, sans rien changer au passage de l'eau par réaction au bas de l'aube de la couronne mobile, et gardant aussi exactement la même inclinaison aux directrices; il avait recourbé le premier élément de l'aube mobile à l'entrée de l'eau, pour éviter sans doute le choc, de telle sorte que le haut de la couronne mobile aurait dû marcher par libre déviation, tandis que le bas devait marcher par réaction. Afin de bien faire comprendre combien ce tracé était un contre-sens, il serait bon de revenir un peu à notre point de départ.

Euler avait dans sa combinaison partagé la chute d'eau qu'il voulait utiliser en deux parties égales; dans l'une, celle du haut, étaient installées les directrices qui devaient donner à l'eau un mouvement presque horizontal; dans l'autre partie était la seconde moitié de la machine, une couronne mobile, à laquelle il faisait prendre un mouvement horizontal avec une vitesse justement égale à celle d'arrivée de l'eau dans les injecteurs. De cette manière l'eau entrait dans le vase mobile sans vitesse relative sensible, et cette eau ainsi embarquée, comme je l'ai dit, en quelque sorte à la course, pressait le fond du vase avec une charge due à sa hauteur, et l'eau s'échappait finalement par des orifices pratiqués audit fond et disposés en forme de becs dirigés dans le sens opposé au mouvement; elle prenait donc une vitesse égale et de sens contraire à celle du vase.

On voit donc immédiatement combien André de Thann était dans l'erreur, puisque l'inclinaison des aubes, recourbées dans le sens d'arrivée de l'eau, exigeait tout de suite une vitesse relative égale à la vitesse de la roue, tandis qu'elle devait s'accélérer par une charge ou une pression motrice dans l'intérieur des aubes mobiles.

La disposition d'Euler, comme on peut le voir, était la plus simple pour éviter les pertes d'eau entre la portion fixe et la partie mobile du récepteur, puisqu'il ne pouvait exister de pression entre ces deux couronnes, la vitesse en ce point étant égale à celle due à la hauteur de la partie supérieure; mais malheureusement cet appareil ne pouvait comporter un moteur pratique et industriel, et ce n'est qu'en diminuant la hauteur des deux couronnes et en créant une pression accélératrice dans la couronne mobile qu'on pouvait facilement la réaliser. On n'évitait plus alors les pertes par le jeu qu'il fallait laisser entre les deux parties fixes et mobiles, et, si

M. Fourneyron a adopté l'introduction horizontale par l'intérieur de la turbine, c'est sans doute pour se débarrasser par la force centrifuge de cet inconvénient qui avait quelque importance, ce qu'il ne pouvait faire d'une manière complète sans nuire notablement au rendement : par suite de l'entraînement de l'eau, dans son mouvement absolu, dans le sens du mouvement de la turbine, l'eau ne sortait plus alors dans le sens du rayon.

Ainsi donc il faut, pour réaliser un moteur à réaction, une pression génératrice dans les aubes mobiles, afin d'accélérer le mouvement relatif qui est presque nul à l'entrée du récepteur ; il devient donc difficile de s'expliquer le recourbement des aubes de la turbine d'André de Thann, qui suppose le mouvement égal à la moitié de la vitesse due à la chute entière, tandis que, dans ces sortes de turbines, le mouvement relatif à l'entrée des aubes ne doit être qu'une très-petite fraction de la vitesse due seulement à la moitié de la chute, ce qui me paraît parfaitement incompatible.

J'aurais pu me dispenser de faire cette démonstration, mais les personnes qui ont voulu écrire l'histoire de ces moteurs ne sont guère à la hauteur de la tâche qu'elles se sont imposée, et ce n'est, le plus souvent, que le désir de faire des livres pour les vendre fort cher qui l'emporte sur leur savoir. Je puis citer le *Traité d'hydraulique* de M. Armengaud aîné, où l'on confond assez souvent les vitesses relatives avec les vitesses absolues ; pour n'en donner qu'un passage, on lit, p. 296 : « ... Et d'autre part, pour la tur-
» bine, la direction du dernier élément de ces aubes doit être telle, qu'elle
» fasse le plus petit angle possible, afin que de la vitesse de l'eau à sa sortie,
» combinée avec celle de la circonférence extérieure de la turbine, il résulte
» pour l'eau une *vitesse relative* se rapprochant autant que possible d'être nulle
» ou du moins très-faible, comparativement à celle due à la hauteur de la
» chute ; car il faut, pour obtenir le plus grand effet utile dans la roue, que
» l'eau rentre sans choc et en sorte sans vitesse. » (Absolue ou relative?)

Je dois passer maintenant à un historique fort délicat, parce que je viens en cause immédiatement, ainsi que M. Charles Callon mon collaborateur pour les applications à l'industrie. C'est ici que j'ai le plus besoin d'impartialité et je tâcherai d'en avoir ; d'ailleurs, les hommes compétents pourront être juges arbitres à ce sujet. Je veux parler du grand évasement que j'ai pratiqué dans toutes les roues ou turbines que j'ai imaginées dans ces derniers temps, et dont le départ a été la réalisation de la roue de Noisiel-sur-Marne. M. Pierre Callon, et on pourrait dire M. Charles Callon, son fils, prit un brevet en 1840, pour deux dispositions de turbines à introduction horizontale et verticale ; cette dernière avait été nommée par l'auteur :

Eulérienne; la dénomination n'était pas en rapport avec le mode d'action qu'on se proposait d'obtenir, attendu qu'il n'y avait rien dans cette disposition qui pût rappeler le principe d'Euler. Mais les titres n'y font rien; d'ailleurs, quand on invente, on ne sait la plupart du temps quel titre donner à son invention, et ce n'est souvent qu'en développant son idée que l'on trouve que le titre n'est pas en rapport avec l'objet du brevet; je dirai plus, il n'y a que ceux qui n'ont jamais rien inventé qui savent parfaitement appliquer les titres.

J'appellerai donc cette turbine: à injection intermittente, c'est-à-dire à injection séparée. Il résulte de cette disposition que les veines d'eau, en venant agir sur les aubes, ne sont pas interrompues par les jets successifs, et on évite ainsi toute perturbation d'un filet d'eau sur l'autre.

Je ne veux nullement m'occuper du vannage qui règle le volume d'eau de cette turbine, pas plus que je ne l'ai fait pour tout ce qui précède; car je considère cet élément comme purement matériel, et pouvant être varié de plusieurs manières. Je ne m'occuperai donc, dans tout ce qui va suivre, que du mode d'action de l'eau, comme je l'ai déjà fait.

Ce qui est très-clair dans le tracé de cette turbine dite Eulérienne, c'est que les lames d'eau sont séparées, dans l'appareil d'injection, d'une épaisseur à peu près égale à celle des lames liquides; c'est d'ailleurs l'écartement qu'il faut donner pour que les lames d'eau ne viennent pas se superposer et déterminer par leur choc les unes sur les autres, dans le mouvement relatif qu'elles doivent prendre, des perturbations nuisibles à l'effet utile.

On évite aussi par là l'engorgement qui peut se produire dans les aubes mobiles, pour ne pas tomber dans le système à réaction; ce qui arriverait, si l'eau dans son mouvement relatif ne pouvait pas passer dans l'ouverture réservée au bas des aubes. M. Callon, qui craignait probablement cet engorgement, a sagement rétréci les directrices dans le haut de la couronne mobile, pour laisser ainsi plus de passage à l'eau dans son mouvement relatif; les aubes de la couronne mobile se sont ainsi trouvées naturellement évasées.

Je crois avoir interprété, du moins le mieux que j'ai pu, les vues de M. Callon dans ce mode d'action de l'eau motrice, qui, comme on le voit, est complétement différent de celui qu'a voulu réaliser Euler. Il n'y a d'ailleurs rien d'étonnant à ce que M. Callon ait craint la superposition des filets l'un sur l'autre, par choc, dans le mouvement relatif.

Je dois citer ici le premier tracé de courbes que j'ai fait, où l'on voyait la veine du mouvement relatif se détacher de la partie convexe de la courbe, et les filets successifs provenant d'une injection continue se superposer pour dévier librement sur la partie concave de ladite courbe. Ce tracé fut critiqué par M. Belanger, dans une entrevue que j'eus avec lui : il crut que je me faisais illusion sur le bon effet que je devais retirer d'un pareil tracé, parce que, disait-il, les filets qui viendraient se superposer les uns sur les autres détermineraient des pressions successives tendant à altérer le mouvement relatif des molécules qui se rapprochaient de la paroi concave. C'est alors qu'il me donna le conseil, que je me gardai bien de suivre, de remplir complétement le canal où doit circuler d'un mouvement relatif l'eau motrice.

Cette remarque de M. Belanger nous mène directement sur l'autre tracé de M. Callon, qui était en quelque sorte conforme aux opinions de M. Belanger, puisqu'il avait pour but de remplir les canaux mobiles, en y opérant en quelque sorte une libre déviation à veine moulée de la veine d'eau, dans son mouvement relatif; mais une difficulté devait se présenter, et, comme dans la turbine que M. Poncelet avait imaginée, et qui fut essayée au Boucher, il fallait que la chute et la vitesse du moteur ne fussent nullement variables, et en quelque sorte mathématiques, chose difficile, sinon impossible à obtenir en pratique.

Je dois ajouter, en passant, que, pour remplir l'espace nuisible entre la partie concave et la partie convexe de la courbe, M. Poncelet avait imaginé une contre-aube, tandis que M. Callon avait rétréci cet espace perpendiculairement, de telle sorte que les aubes se trouvaient encore ici évasées.

On voit donc que les deux turbines brevetées par M. Callon en 1840 ont l'extrémité, par où l'eau doit sortir, d'une forme évasée, afin de réaliser : dans la première, l'eau à injection discontinue ou séparée, et dans l'autre, l'eau à libre déviation et à veine moulée.

D'après ma discussion sur ces deux études (et on peut dire des études puisqu'elles n'ont jamais été exécutées), on voit la ferme conviction de l'auteur de passer à un autre ordre d'idées que les imitateurs de Fourneyron dans le principe de la réaction; ceux-ci suivaient en quelque sorte la voie toute tracée, ce qui était plus facile assurément.

Malheureusement, ces deux dispositions n'étaient pas encore assez mûres pour que M. Callon pût en faire un moteur supérieur à ceux existant, et il les jugea tellement ainsi, qu'il ne fut pas tenté de les mettre à exécution.

Mais rendons-lui cette justice, sitôt que nous fûmes en relation, il n'eut pas de peine à comprendre les études nouvelles que je faisais pour réaliser définitivement la libre déviation, et il entra bravement, après quelques conférences que nous eûmes ensemble, dans la nouvelle voie que je venais de tracer.

La première turbine que nous entreprîmes ensemble fut celle d'Égreville, dans la papeterie de M. Dufay, en 1851; la libre déviation s'y trouva réalisée pour la première fois d'une manière parfaite et au grand contentement de M. Callon, car il avait quelques craintes : j'avais taillé selon lui un peu trop dans le vif en faisant une couronne mobile, en quelque sorte toute criblée de trous, deux à chaque intervalle des aubes.

Disons ici que ces trous avaient deux buts : le premier était d'empêcher la production d'une certaine dépression atmosphérique qui aurait pu remplir les aubes d'eau, par suite y déterminer une pression qui aurait gêné la marche des filets liquides dans leur mouvement relatif; le second était de permettre à l'eau de sortir de l'aube avant d'arriver au passage rétréci du bas, plutôt que de gêner la marche relative des filets liquides.

Dans cette première turbine j'avais bien pratiqué au bas de l'aube un petit évasement insignifiant, pour faciliter la sortie de l'eau, et la crainte d'une trop grande divergence des filets m'avait empêché de le pratiquer plus grand : M. Callon fut parfaitement de mon avis.

L'expérience au frein de la turbine d'Égreville était attendue avec une grande impatience par la maison Fontaine, de Chartres, dirigée en ce moment par MM. Fromont et fils, successeurs; et sitôt que le résultat en fut connu, on se mit à l'œuvre dans cette maison pour ne plus faire d'autres turbines que celles dont le modèle, au moment ou j'écris ces lignes, marche toujours depuis douze ans.

M. Fontaine, à son tour, trouve deux ans plus tard qu'il peut se remettre dans les affaires; il aperçoit, en effet, un nouveau filon à exploiter dans les turbines à libre déviation, et rentre dans son ancienne maison, fait un traité nouveau avec moi, dans lequel intervient M. Callon comme mon associé, et la maison, qui prend définitivement le nom de Fromont et fils, Fontaine et Braud, s'engage à ne pas faire d'autres turbines que celles à libre déviation de M. Girard.

Ce n'est que plus tard que j'ai appliqué le grand évasement aux couronnes mobiles, bien qu'à première vue on aperçoive un grand intérêt à agrandir successivement l'espace que doit traverser l'eau dans son mouvement relatif; mais c'est un fait bien ordinaire de passer à côté d'une chose très-intéressante sans apercevoir qu'elle peut conduire à des résultats importants. Cet évasement permet de resserrer l'angle de sortie pour ne lui conserver finalement qu'une vitesse absolue très-faible, et pourtant quatre années s'écoulent, et M. Callon et moi, qui pratiquions la libre déviation, nous n'avions pas eu recours à cet évasement que M. Callon dans un autre ordre d'idées avait indiqué.

Certainement, si on s'était livré à quelques calculs très-simples pour connaître la perte que pouvait faire éprouver la divergence des filets, et le bénéfice qu'on pouvait en retirer, on n'aurait pas tardé à trouver que ce bénéfice était beaucoup plus grand que la perte causée par la divergence; mais on ne l'avait pas calculée, et on ne pouvait pas le savoir. On a donc construit, pendant quatre années, des turbines à libre déviation sans évasement sensible.

Ceci nous mène tout naturellement à l'historique de la roue-hélice de M. Ménier dans son usine de Noisiel-sur-Marne.

En 1853, M. Ménier apprit par ses amis que je venais de faire un perfectionnement très-important dans les turbines hydrauliques, et il me pria de venir visiter son usine de Noisiel. Là, en présence d'une roue qui fonctionnait (dite *roue pendante*), il me demanda s'il n'y avait pas moyen de remplacer par mes turbines son ancien moteur, qui non-seulement ne donnait pas plus de 20 pour 100 de rendement, mais qui, de plus, était assujetti à un inconvénient fort grave, parce qu'il fallait continuellement le monter ou le descendre selon l'état de la rivière.

Après quelque réflexion, je répondis négativement, en lui disant que sa chute était trop faible pour utiliser un aussi grand volume d'eau, qui devait encore s'accroître à mesure que la chute diminuait, pour conserver au moteur toujours la même puissance.

M. Ménier, homme de progrès, fut désappointé de ne pouvoir changer son vieux moteur contre une de mes turbines, car il avait le projet d'agrandir considérablement son usine. « Alors, me dit-il (ce sont ses propres paroles), inventez-moi donc quelque chose pour changer cette vieille roue. — Diable! répondis-je, on ne fait pas de ces inventions-là comme on fait des petits pâtés; cependant je vois en vous un homme de progrès, et vous êtes la personne qu'il me faut; je vais essayer de vous inventer quelque chose. »

Ma première idée fut de lui construire une roue ordinaire fixe, fonctionnant toujours au fond du coursier; pour mieux utiliser son cours d'eau, je la couvrais d'une enveloppe hydropneumatique, afin de la dénoyer lors des crues. Mais, après quelques études, je m'aperçus bien vite que cette roue ne débiterait pas assez d'eau pendant les crues qui réduisaient la chute, pour conserver au moteur une puissance constante.

J'imaginai alors un système d'hélice, pensant qu'elle se prêterait mieux pour lui faire utiliser de grands volumes d'eau lors des crues, puisqu'elle pouvait être plongée dans cet instant entièrement dans l'eau ; mais les calculs me montrèrent que si, dans ce cas particulier, elle pouvait remplir le but, elle ne le remplissait pas lorsque la rivière était à l'étiage.

Je ne dirai pas combien de fois j'ai passé de la roue pneumatique à l'hélice, et *vice versâ;* cependant ma pensée se tournait plus volontiers vers l'hélice que vers la roue.

Je commençai par mettre un gros moyeu au centre de l'hélice pour que les différents points des ailes marchassent avec des vitesses moins inégales, pour mieux utiliser le courant de l'eau. Après, je cherchai quelle était l'inclinaison la plus convenable des palettes ; car il fallait éviter le choc de l'eau à l'entrée et laisser l'eau sortir sans vitesse sensible, pour obtenir le meilleur effet utile. J'étais entre deux écueils : si j'évitais le choc, l'eau sortait derrière l'hélice avec une grande vitesse ; si, au contraire, je conservais peu de vitesse à la sortie, j'avais une introduction avec choc. Allons! me disais-je, ce n'est pas encore cela! Ah! j'ai trouvé : je vais évaser les parois intérieures et extérieures dans lesquelles sont comprises les palettes hélices, et voilà la roue-hélice.

On voit qu'il m'était impossible de ne pas évaser la couronne mobile, puisque l'eau arrivait sans préparation par des directrices, naturellement, sur les aubes en forme d'hélice; elle devait traverser presque perpendiculairement au mouvement de la roue, sauf une déviation, d'ailleurs assez faible, provenant du recul ou de la poussée de l'aube sur l'eau en sens contraire de sa marche. Il était donc de toute nécessité, pour connaître le travail utile théorique, de faire entrer dans les pertes le travail passif, celui provenant de la divergence des filets d'eau à la sortie par évasement des aubes, et je fus très-étonné de voir que cette perte était en quelque sorte insignifiante ; car, en prenant pour unité le point de la plus grande divergence, cette perte décroît comme le carré de la fraction de distance entre le filet moyen et le point extrême de la divergence ; de telle sorte qu'en prenant pour unité la perte du filet extrême le plus divergent, cette perte se réduit à $\frac{1}{4}$ pour le filet moyen.

Si maintenant on compare cette faible perte à l'effet meilleur qu'on peut retirer de la libre déviation, on trouve, par des calculs approximatifs, que cet évasement peut dépasser de beaucoup les limites que je m'étais fixées primitivement, à savoir : que l'angle de la divergence fût un peu moindre de 45°.

Il n'y a véritablement que l'expérience qui puisse confirmer les résultats de ces calculs qu'on ne peut faire qu'approximativement ; cependant je dois dire que ce sont les calculs qui m'ont fait adopter définitivement le grand évasement.

Lorsqu'on veut pratiquer l'action de l'eau par libre déviation, comme celle de la première turbine d'Égreville, sans évasement sensible, il faut fortement incliner les aubes directrices pour avoir un passage très-faible, et, si l'on veut que la veine d'eau, dans son mouvement relatif, sorte aussi sous un angle assez faible, afin de conserver peu de vitesse absolue, on tombe dans trois difficultés que voici :

1° L'épaisseur qu'il faut donner aux directrices de l'injection se trouve très-comparable à l'épaisseur de la veine d'eau, et l'on rentre un peu ici dans l'admission intermittente étudiée par M. Callon; ce qui fait naître des perturbations par le choc des veines d'eau les unes sur les autres. Je dois dire cependant que la turbine d'Égreville, qui a été construite ainsi, a donné un très-bon rendement. Lorsqu'au contraire on peut redresser les directrices, cela permet de diminuer la largeur de la couronne fixe : alors on peut aussi ne donner aux directrices qu'une épaisseur très-faible; car l'effort qu'elles ont à supporter, dû à la pression de la chute, devient insignifiant, et l'on arrive ainsi à une admission presque continue, sans séparation sensible des veines d'eau injectées, ce qui permet de les superposer dans leur mouvement relatif sans chocs ni perturbations.

2° Le filet étant dirigé horizontalement, la veine vient choquer la paroi de la couronne mobile extérieure avant de sortir de la turbine.

Le grand évasement, en permettant une direction moins horizontale de l'eau à son entrée dans la couronne mobile, diminue la longueur de la projection parcourue par le mouvement absolu de l'eau, et le choc en question n'est plus sensible.

3° Enfin le travail dû à la pression de l'eau dans son mouvement relatif, s'effectuant pour chaque filet sur presque tous les points successivement de la largeur de l'aube, il y a une perte due à ce que tout devrait se passer sur la circonférence moyenne, là où règne la vitesse moyenne. L'évasement de l'aubage, en diminuant la largeur de l'aube, fait que la résultante des actions a lieu en un point qui s'écarte moins du point milieu de l'aubage.

Ces trois difficultés sont donc levées par l'application du grand évasement, et, malgré la divergence des filets extrêmes qui augmente la vitesse absolue de la sortie de l'eau, on en recueille un effet notablement meilleur. Ainsi se trouvent réalisées : 1° d'une part, la turbine à libre déviation d'Égreville, sans évasement sensible; 2° d'autre part, la roue-hélice pouvant fonctionner sans directrices sous l'eau, tout en faisant plus que doubler l'effet des anciennes roues dites *roues pendantes*; 3° l'application du grand évasement de cette roue à la turbine à libre déviation; 4° et en 1857, la combinaison nouvelle et définitive qui me permet de réaliser le principe que je nomme la *libre déviation à veine moulée*, distinguant alors l'autre par la *libre déviation à veine détachée*.

CHAPITRE II.

Critique de la théorie connue et premiers éléments d'une théorie nouvelle.

J'ai dit dans ma Note à l'Académie, séance du 9 février 1863, que le mode d'action par libre déviation à veine moulée ne pouvait se réaliser rationnellement que par l'emploi du tracé du triangle équilatéral. En voici la raison toute simple : on voulait mouler la veine d'eau dans son mouvement relatif, soit en faisant une contre-aube, comme l'indique M. Poncelet, dans le sens parallèle au mouvement de l'eau, soit en diminuant l'épaisseur de la veine dans le sens perpendiculaire, comme l'indique M. Callon. La manière adoptée pour opérer ce moulage importait peu, mais il fallait, non-seulement que les conditions de vitesse et de chute fussent invariables, mais aussi il aurait fallu que les formules sur lesquelles reposaient les tracés de ces deux turbines ne laissassent rien à désirer. Or, les études que j'ai pu faire à ce sujet m'ont conduit à reconnaître leur inexactitude. En effet, abstraction faite des formules, il aurait fallu que l'épaisseur de la veine d'eau dans son mouvement relatif ne changeât pas avec la variation de vitesse du moteur et de la chute, ce qui n'est pas pratique; de plus, les formules indiquaient que la section du canal allât en se rétrécissant en raison inverse des rayons dans le récepteur à injection intérieure et en s'élargissant dans le récepteur à injection extérieure. C'est ce que je vais tâcher de démontrer.

On fait entrer dans les formules générales pour le tracé des aubes des turbines, soit pour des turbines à injection intérieure, soit pour des turbines à injection extérieure, un terme dû à l'action accélératrice ou retardatrice de la force centrifuge, qui me paraît ne pas remplir les conditions, et se trouve, non-seulement en désaccord avec l'étude approfondie des mouvements relatifs, mais aussi avec l'expérience.

Il s'ensuit que la vitesse angulaire que doit prendre la couronne mobile ne se trouve pas en rapport avec l'observation; ce qu'on vérifie par la sortie de l'eau dans son mouvement absolu.

En présence de ce fait confirmé par l'expérience, je me suis demandé s'il ne serait pas utile de baser le tracé des aubes pour effectuer la libre déviation sur de nouvelles données, qui, à défaut de formules élégantes, se rapprochent le plus possible des observations.

Voici le raisonnement que j'ai suivi pour découvrir tous les effets qui se produisent dans les molécules liquides en mouvement dans les aubes du récepteur.

J'y ai observé que, dans la libre déviation des veines liquides, la force centrifuge ne paraît pas produire l'effet indiqué, car les aubes n'entraînent pas, comme dans la turbine à réaction, l'eau dans leur mouvement de rotation; l'eau, au contraire, en entrant dans la couronne mobile, y exerce une pression sur les aubes en déviant sur leur surface concave. Il paraît donc y avoir seulement un effet de recul de la part de l'aube, qui tend à anéantir la force vive de l'eau qui se trouve transformée en travail mécanique.

Je ne vis donc pas la nécessité d'introduire dans les calculs la force centrifuge, comme l'avait fait M. Poncelet dans la turbine essayée au Boucher, à injection extérieure, ainsi que M. Callon, dans l'étude de 1840, à injection intérieure.

Dans ces deux tracés, la vitesse relative au point d'entrée des aubes devait être égale à la vitesse de ce point; puis, à mesure que l'eau s'avançait dans l'intérieur ou vers l'extérieur, ce mouvement devait être retardé ou accéléré d'une quantité proportionnelle à la différence des rayons d'entrée et de sortie de l'eau dans le récepteur.

Il s'ensuivait que, pour une même chute et des turbines de même dimension, l'une aurait pu marcher avec une vitesse angulaire plus grande que l'autre de la différence des rayons intérieurs et extérieurs, tandis que ces deux récepteurs auraient dû marcher avec la même vitesse pour réaliser le principe que s'étaient proposé les auteurs de la libre déviation à veine moulée.

Cela revient à dire que, toutes choses égales d'ailleurs, la vitesse que l'on donnait à l'extérieur et à l'intérieur de ces roues n'était pas exacte, et, par suite, non-seulement le tracé de la section décroissante ou croissante ne convenait pas pour le bon emploi de l'eau motrice, mais aussi la vitesse donnée au récepteur était trop grande pour la turbine à injection intérieure et trop petite pour celle à injection extérieure.

En présence de cette contradiction, que fallait-il faire et comment déterminer la vitesse qu'il aurait fallu avoir, non pas pour réaliser la libre déviation à veine moulée que d'autres considérations pratiques empêchaient, mais seulement celle à veine détachée?

Voici donc le raisonnement que je me suis fait : prenons pour exemple le cas le plus simple, celui où la directrice qui injecte l'eau est fortement inclinée, de telle sorte que l'angle d'arrivée de l'eau dans une turbine à injection intérieure se confond avec la tangente à la circonférence.

Traçons au point d'introduction une courbe très-petite qui fasse dévier le filet d'eau d'un mouvement relatif de deux angles droits avec une vitesse égale à $\frac{1}{2}$ V, V étant celle d'arrivée du filet due à toute la charge génératrice de la chute d'eau à utiliser.

Le filet, en quittant la courbe, prendra un mouvement absolu dirigé dans le sens du rayon, avec une vitesse, qui sera représentée par $\frac{V \sin \beta}{2}$, β étant l'angle très-petit que forme la direction de la vitesserelative à la sortie de l'aube avec la tangente. Le filet, par conséquent, n'exercera plus aucune pression sur l'aube, quand même celle-ci se continuerait en spirale à partir de cet instant, et son mouvement relatif s'accroîtra indéfiniment, si l'aube se continue aussi indéfiniment, et finira toujours par sortir de celle-ci avec une vitesse égale et de sens contraire à celle de la couronne extérieure.

Dans tout ce trajet, la vitesse absolue de l'eau ne se trouvera nullement changée, et elle ne peut plus l'être si elle doit conserver son mouvement dans le sens du rayon ; il en résulte que la force centrifuge ne peut avoir l'action qu'on voulait lui attribuer, et il n'y a dans cet effet qu'une action de recul exercée par la très-petite aube qui a anéanti la force vive de l'eau en ne conservant plus qu'une vitesse absolue insignifiante.

C'est donc le point où doit se faire ce recul qu'il faut déterminer pour connaître la vitesse de ce point ; dans l'exemple que nous avons choisi, cette vitesse est la moitié de celle de l'arrivée de l'eau.

Supposons maintenant que la pression de l'eau sur l'aube s'exerce sur toute son étendue, depuis son entrée dans l'intérieur jusqu'à sa sortie : le point du recul changera à chaque instant et aura pour position moyenne le milieu de l'aube ; c'est donc là que se portera en quelque sorte toute l'action de l'eau motrice, qui doit prendre, dans le cas que nous avons considéré, la moitié de la vitesse, c'est-à-dire $\frac{V}{2}$.

Pour montrer qu'il en est ainsi, je représenterai par Rv ce que j'entends par le travail de recul, R étant la pression de l'aube sur l'eau pendant le mouvement relatif du fluide, et v la vitesse dans le sens contraire à la pression exercée. Soit aussi représentée par P la pression sur l'orifice contracté qui injecte l'eau.

Cette action du recul doit toujours être égale au travail moteur T, et on doit avoir

$$Rv = PV = T.$$

Prenons pour cela le cas le plus simple, celui où la veine d'eau est lancée tangentiellement; prenons aussi le cas où l'eau, dans son mouvement relatif, ne s'écarte pas de l'axe du récepteur. On aura

$$R = 2P \quad \text{et} \quad v = \frac{V}{2},$$

ce que tout le monde sait.

R diminuera et v augmentera à mesure qu'on redressera les directrices pour diriger l'eau sous un angle plus ouvert; on arrive successivement ainsi au tracé par le triangle équilatéral, ce qui donnera pour R et v

$$R = P, \quad v = V,$$

ce qui m'a conduit à la réalisation de la libre déviation de la veine moulée.

Ce qui me préoccupe ici le plus, c'est le cas où l'eau motrice est introduite dans le récepteur pour s'écarter ou se rapprocher de l'axe dans son mouvement relatif, ce qui complique un peu la question.

Je prendrai, pour simplifier toujours, l'eau lancée tangentiellement et introduite par l'intérieur de la couronne pour en sortir par l'extérieur; d'ailleurs, ce que nous donnerons pour ce cas s'appliquera dans l'autre. Nommons R' la pression du recul au point d'entrée de l'eau, R'' celle à la sortie; r', v' le rayon de l'intérieur de la couronne et sa vitesse; r'', v'' le rayon et la vitesse à l'extérieur; r, v le rayon et la vitesse du milieu de la couronne; P la pression de la colonne d'eau au point de la veine contractée; V la vitesse due à la pression de cette colonne; x la vitesse relative indéterminée.

D'après mes suppositions,

$$v = \tfrac{1}{2}V,$$

$$v' = \frac{r'v}{r}, \quad v'' = \frac{r''v}{r}, \quad v' + v'' = V;$$

par suite,

$$\frac{r'v}{r} + \frac{r''v}{r} = 2v;$$

on a

$$x = V - v' = v'',$$

vitesse qui est celle de la circonférence extérieure de la roue, qui doit rester constante, afin que la vitesse absolue conservée par l'eau soit dirigée dans le sens du rayon, circonstance qui donne le maximum d'effet utile.

On a donc, pour les deux points extrêmes du recul,

$$R' = 2P\frac{v''}{v} \quad R'' = 2P\frac{v''}{v} \times \frac{r'}{r''}.$$

R'', comme on le voit, est plus faible que R' à cause de l'augmentation de vitesse que prennent les points successifs pressés par l'eau dans son mouvement relatif, pression qui se trouve diminuée en raison inverse des rayons, ce qui donne tout de suite

$$R' + R'' = 2R.$$

On a aussi pour l'autre membre de l'équation, en remplaçant $\frac{v''r'}{r''}$ par v',

$$2P\left(\frac{v'' + v'}{v}\right);$$

et comme $v'' + v' = 2v$, on en déduit que

$$2R = 4P,$$

$$R = 2P;$$

donc

$$Rv = 2P\tfrac{1}{2}V = PV = T.$$

Voici maintenant pour le cas de l'alimentation extérieure.

Les choses se passent de même, sauf que x sera égal à

$$x = V - v'' = v',$$

puisque l'eau doit sortir avec cette vitesse égale et de sens contraire à celle de l'intérieur de l'aube; on a donc ici

$$R'' = \frac{2Pv'}{v} \quad R' = 2P\frac{v'}{v} \times \frac{r''}{r},$$

ce qui donne $R'' + R' = 2R$.

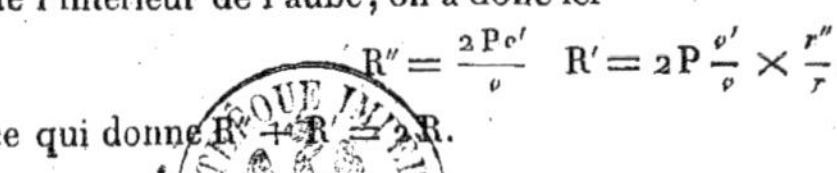

Remplaçant $\frac{v' r''}{r}$ par v'', on a

$$2 P \left(\frac{v' + v''}{v}\right),$$

$$v' + v'' = 2 v,$$

d'où

$$2 R = 4 P,$$

$$R = 2 P.$$

$$R v = 2 P \tfrac{1}{2} V = PV = T.$$

Nous n'avons pas besoin d'aller plus loin, et cette théorie toute simple mène à la vérité, tandis que celle plus compliquée, qui consiste à considédérer les actions de force centrifuge, conduit à l'erreur, car on a donné à cette force une fonction accélératrice qu'elle n'a pas.

En effet, voyons ce qu'il adviendrait si nous appliquions, dans les conditions où nous venons de nous placer, cette théorie qui augmente les vitesses relatives eu égard à la force centrifuge.

Sans chercher rigoureusement quelle est l'augmentation de vitesse de l'eau dans les aubes placées dans les conditions ci-dessus, il est bien évident qu'il en résultera un travail plus grand, puisque la vitesse augmentant successivement pressera davantage les points successifs, et il s'ensuivra en représentant par R_1 la nouvelle pression de recul,

$$R_1 > \frac{R' + R''}{2},$$

et

$$R_1 > 2 P;$$

donc aussi

$$R_1 \tfrac{1}{2} v > PV > T,$$

tandis qu'il devrait être moindre, puisque l'eau sortant de l'aube avec une vitesse relative plus grande que celle de la circonférence extérieure de la roue, conserve dans le sens contraire à ce mouvement une vitesse absolue qui représente une fraction du travail moteur. Ce résultat est doublement impossible, car non-seulement on aurait un travail mécanique plus grand que le travail moteur total, mais aussi l'eau, en sortant du récepteur, conserverait en plus une certaine force vive, puisqu'elle ne peut avoir une vitesse nulle, attendu que la vitesse relative se trouve plus grande que la vitesse extérieure de la couronne et dirigée en sens inverse.

En présence de ces résultats, on pourrait rappeler ici ce que disait l'illustre Poinsot : « On ne trouve pas autre chose dans les formules que ce que vous y mettez, et si ce qu'elles représentent est faux, vous êtes sûr que tout ce qui s'ensuivra dans leur développement le sera également. »

Que faut-il dans ce cas pour démontrer que le raisonnement que nous venons de suivre est dans la vérité? l'expérience; et c'est à cette expérience que je me reporte pour vérifier les données de la nouvelle théorie.

Lorsque les aubes sont disposées pour réaliser la libre déviation d'après la théorie qui détermine la véritable vitesse que doit prendre la couronne mobile, lorsqu'on introduit un coefficient pour tenir compte des frottements que peut éprouver le fluide, tant dans les aubes directrices que dans les aubes mobiles, on est sûr alors de voir l'eau sortir du récepteur dans le sens du rayon, condition exigée pour avoir de l'eau motrice le meilleur effet utile. Si au contraire on fait entrer les effets de la force centrifuge qui doit accélérer ou retarder le mouvement relatif, en appliquant d'ailleurs les mêmes coefficients de réduction de vitesse, on trouve que l'eau sort dans sa vitesse absolue, avec une composante en sens contraire du mouvement de la couronne mobile, ce qui donne nécessairement un effet utile plus faible, ainsi que nous venons de le voir, puisque l'eau conserve à sa sortie un travail plus grand représenté par la nouvelle vitesse absolue.

Si le raisonnement que nous venons de suivre est exact, on comprend la difficulté de combiner un récepteur à libre déviation, à veine moulée, en suivant exactement les formules données par la théorie connue, sans compter les conditions pratiques à remplir, ainsi que nous l'avons exposé plus haut.

Dans les expériences sur la première turbine que j'ai fait exécuter à libre déviation, à veine détachée, à grand évasement et à injection intérieure, j'ai pu vérifier l'exactitude du tracé des courbes fondé sur le principe du recul qui donne pour la vitesse $\frac{V}{2}$ le point milieu de la couronne mobile, lorsqu'on suppose l'injection faite tangentiellement; ces expériences ont été faites au Conservatoire des Arts et Métiers (séance de l'Académie du 21 avril 1856). Mais comme, dans cette turbine, j'avais pratiqué déjà un large évasement, ce qui me permettait de moins serrer le passage de l'eau dans les directrices ou injecteurs, j'ai dû déterminer par avance la vitesse

3.

que devait prendre le point milieu de la couronne, en composant les vitesses à la manière ordinaire, représentées en grandeur et en direction par la formation d'un triangle isocèle, ce qui m'a donné pour vitesse théorique

$$v = 0,5275\,V$$

que je multiplie par 0,96, ce qui donne

$$v = 0,5067\,V,$$

soit

$$v = \tfrac{1}{2}V,$$

vitesse qu'il convenait de donner au point milieu de l'aube de la turbine expérimentée au Conservatoire. Or, dans la série d'expériences qui a été faite, on a toujours eu soin, en faisant varier la vitesse du moteur, de faire sortir l'eau dans son mouvement absolu dans le sens du rayon, ce qui était facile à observer.

On est arrivé à reconnaître que la vitesse obtenue pratiquement s'est toujours maintenue un peu inférieure à celle indiquée par la théorie, excepté pour les expériences où l'ouverture de la turbine était complète; dans ce cas, le frottement avait le minimum d'influence, et c'est aussi celui qui s'est rapproché le plus de la théorie nouvelle; le rendement a été jusqu'à 76 pour 100 du travail absolu du moteur.

Disons en passant que le jaugeage de l'eau a été fait dans les bassins du Conservatoire, pendant l'expérience au frein, ce qui ôte toute incertitude sur l'effet obtenu. Je ferai remarquer de plus que cette turbine était d'un très-petit modèle, toujours plus susceptible que les grandes machines à l'influence des frottements de toute nature, qui sont dans ce cas plus que proportionnels au travail développé, et c'est ce qui explique que, dans l'expérience n° 1, le travail au frein n'a été que de 22 kilogrammètres, l'effet utile de 71 pour 100, tandis que, dans l'expérience n° 7, le travail a été de 96 kilogrammètres et l'effet utile de 76,2 pour 100.

En présence de ce résultat, je n'avais plus à hésiter pour adopter le grand évasement dans mes turbines à libre déviation (turbine d'Égreville de 1851), et c'est sur ces nouvelles données que j'ai pu combiner une série de récepteurs de forme variée, tant à axe vertical qu'à axe horizontal, distinguant cette dernière par le nom de *roue-turbine*, comme je l'ai fait dans le récepteur de M. Ménier que j'ai appelé *roue-hélice*.

CHAPITRE III.

Considérations sur la préférence à donner à l'utilisation de la force vive de l'eau au lieu de son poids.

Je me propose de donner quelques explications succinctes sur tous les types de machines que j'ai imaginés pour remplir les conditions qui peuvent se présenter dans l'utilisation des chutes d'eau, depuis la plus faible hauteur jusqu'à la plus élevée, et depuis le plus petit volume de 1 à 2 litres par seconde sous des chutes de 50 mètres et plus, et de 20 000 ou 30 000 litres par seconde sous des chutes réduites à $0^{m},50$; mais je vais auparavant dire un mot sur les considérations qui m'ont fait adopter le mode d'action de l'eau par la force vive, au lieu d'utiliser son poids, ce qui avait été l'objet de mes premières études.

En 1839, une découverte qui m'avait conduit à déplacer des masses liquides considérables sans perte sensible d'effet dans les écluses des canaux de navigation, et que j'eus l'honneur de présenter plus tard à l'Académie, m'avait beaucoup séduit pour faire des moteurs de ce genre; et ma première idée fut de combiner une machine à colonne d'eau que je destinais à actionner directement une pompe afin d'en simplifier les organes et obtenir un grand effet utile en eau montée.

Je ne m'étais pas trompé, et les expériences qui furent faites dans les bassins de Chaillot sous une chute assez faible d'environ $1^{m},40$ accusèrent un rendement de 65 pour 100 d'effet utile en eau montée.

Cet appareil fut présenté par moi, avec un Mémoire à l'appui, à l'Académie des Sciences, et il fut l'objet d'un Rapport fait par M. Combes, en 1849, qui concluait à l'insertion de mon Mémoire au *Recueil des Savants étrangers*.

Mais cette machine n'était guère propre à actionner les instruments d'une usine, elle était donc toute spéciale pour les élévations d'eau. Comme d'un autre côté je m'occupais à ce moment de divers moteurs hydrauliques dont j'avais déjà fait quelques études, je me remis à ce travail, pensant que la machine à colonne d'eau avait donné tout ce qu'on pouvait en attendre.

Deux idées prédominantes m'occupaient l'esprit : devais-je poursuivre l'utilisation du poids de l'eau ou donner la préférence à l'utilisation de la force vive?

L'utilisation du poids de l'eau me paraissait plus simple, moins susceptible d'erreur; l'eau se déplaçant lentement se prêtait, selon moi, moins aux pertes de force vive; par conséquent c'était le mode qu'on devait employer lorsqu'on désirait retirer d'un cours d'eau le plus grand travail mécanique possible, et comme je m'étais occupé déjà alors du déplacement de fortes quantités d'eau du bief supérieur au bief inférieur, en utilisant intégralement la chute totale par mes machines à colonne d'eau, je m'aperçus tout de suite que je ne pouvais faire de même en employant la roue à palettes, qu'en la plongeant dans le coursier d'aval de toute la hauteur d'eau comprise dans les aubes.

Je me trouvai par ce fait dans les mêmes conditions que dans la machine à colonne d'eau, c'est-à-dire que je pouvais prendre l'eau au bief d'amont et la rendre à celui d'aval en en utilisant la descente circulairement au lieu de le faire verticalement, mais cela présentait les mêmes inconvénients que dans les anciennes machines, celui de ne pouvoir faire varier le volume dépensé par le moteur sans encourir une perte plus ou moins grande de chute, à cause de la différence de hauteur d'eau dans les aubes et dans le bief inférieur.

Par contre, je pouvais recevoir au moyen des aubes l'eau à des hauteurs variables du bief d'amont sans aucune difficulté; par conséquent le niveau de ce dernier restait tout à fait indépendant quoi qu'on fasse. Il n'y avait donc plus qu'à chercher le moyen de créer un niveau artificiel qui me permît de maintenir le bief inférieur d'aval toujours en rapport avec la hauteur de l'eau dans les aubes. C'est alors que j'eus l'idée de coiffer la roue et une partie des biefs d'amont et d'aval d'une enveloppe pneumatique qui me permît de changer les plans des niveaux d'aval et d'amont compris sous l'enveloppe à volonté par l'augmentation ou la diminution de la pression de l'air ambiant.

A cet effet j'imaginai un petit puits dans le bajoyer qui se trouvait en communication constante avec l'eau comprise dans les aubes au point le plus bas du coursier circulaire, dans lequel je plaçai un flotteur indicateur de niveau, qui avait pour objet de faire mouvoir un petit tube de trop-plein d'air placé sous l'enveloppe pneumatique, destiné à régler la hauteur à laquelle il fallait maintenir le niveau d'aval pour le ramener toujours dans le même plan que le niveau du petit puits.

Supposons une très-petite pression ou une dépression produite par une soufflerie refoulant ou aspirant de l'air d'une manière continue sous l'enveloppe pneumatique; s'il s'agit de la pression, par exemple, cet air ne peut s'échapper que par le tube en question, car l'extrémité de l'enveloppe pneumatique d'aval plonge dans l'eau à la profondeur qui correspond à la plus petite dépense de la roue ; l'air de l'enveloppe s'échappera donc par le tube, et le niveau d'aval sera maintenu constamment à une hauteur qui ne variera qu'avec la position de l'extrémité du tube. Or cette variation est déterminée par le flotteur placé dans le puits en communication avec les aubes.

En conséquence l'eau motrice, par cette disposition, peut être prise en amont dans les palettes et déposée, après avoir utilisé son poids, dans le coursier circulaire du bief d'aval, et cela sans perte de charge ni remous, quel que soit le volume d'eau qui se trouve confié à la roue. On aura le plus grand effet possible si on a soin de maintenir les aubes parfaitement ajustées dans le coursier circulaire.

Cette disposition de roue hydropneumatique permettait d'augmenter considérablement la dépense par mètre de largeur de roue, et j'avais à cet effet donné aux aubes une hauteur égale à la moitié du rayon de la roue. On obtenait donc tout à la fois de grandes et de petites dépenses d'eau avec une largeur de coursier très-limitée; l'effet utile était ainsi dans tous les cas très-considérable, mais il restait la question d'argent à dépenser.

En effet, pour obtenir la vitesse nécessaire dans la plupart des usines pour faire mouvoir les engins, cette roue, qui marchait fort lentement, exigeait de grandes complications de transmission pour atteindre la vitesse convenable. Les deux ou trois grosses roues d'engrenage qu'il fallait employer, malgré leur exécution parfaite, ainsi que celle des arbres qui les supportaient, représentaient des inconvénients très-graves, ce qui pouvait déterminer une diminution considérable dans l'effet utile de la roue. Il reste maintenant aussi la dépense qu'entraînent tous ces gros organes pour les rendre durables ; il faut ajouter de plus, si l'on veut utiliser des volumes variables, l'enveloppe hydropneumatique qui, pour ce cas, devient indispensable, si on veut tirer du cours d'eau le maximum de travail disponible.

Je n'hésite pas à le dire, le prix qu'aurait coûté cet ensemble aurait tant soit peu effrayé les industriels, dont la plupart ont besoin de faire la balance des avantages d'une meilleure utilisation de leur cours d'eau avec celle de la dépense pécuniaire à faire, et j'ai cru remarquer qu'on était peu porté pour les dépenses extraordinaires.

Or le moteur réalisant tous les avantages que nous venons d'énumérer aurait coûté deux ou trois fois plus que les récepteurs déjà alors en usage (les turbines) qui, à la vérité, ne marchaient pas non plus avec des volumes variables sans une notable diminution de rendement, ce qui les faisait rejeter presque toujours à cause de cette difficulté.

J'ai vite aperçu alors qu'en appliquant le système pneumatique aux turbines qui avaient déjà fait pour moi l'objet d'études, que je me proposais de poursuivre en pratiquant le nouveau principe que j'ai appelé plus tard principe de la libre déviation; j'ai aperçu, dis-je, que je pouvais tirer un parti très-avantageux de l'appareil pneumatique, et cela m'était d'autant plus facile que cet appareil se trouvait presque formé en grande partie par le plancher sur lequel l'eau arrive pour s'introduire dans le récepteur. L'indécision sur le choix de mes nouvelles études, entre l'utilisation du poids de l'eau ou de sa force vive, ne fut pas longue, et un an plus tard, en 1851, j'en fis sortir la turbine d'Égreville, à laquelle je faisais l'application complète du principe de la libre déviation et de l'appareil pneumatique; le récepteur prit le nom de *turbine hydropneumatique*.

CHAPITRE IV.

Description sommaire des caractères distinctifs de divers récepteurs.

La Planche I représente (*fig.* 1) la roue-hélice de M. Ménier à transmission intérieure, établie à Noisiel-sur-Marne, et (*fig.* 2) la même roue-hélice appliquée à une élévation d'eau qui va se faire sur la Marne près de Meaux.

Je mets en première ligne ce moteur, car non-seulement il est appelé à utiliser des forces qu'on n'a pas encore cherché à introduire dans l'industrie (je veux parler de la puissance des fleuves), mais aussi c'est à l'édification de cette machine que sont dus tous les perfectionnements très-importants de la série que nous allons décrire, qui m'a mis à même de répondre à tous les besoins que peuvent réclamer la nature des chutes et les volumes d'eau à utiliser.

Je n'ai pas besoin de rappeler ici ce que nous avons dit dans le chapitre Ier, que c'est le grand évasement des aubes, au point de la sortie des eaux motrices, qui m'a permis de faire d'une hélice la roue-hélice, et c'est aussi en faisant des calculs très-exacts pour déterminer la perte due à la force vive conservée par le fluide moteur à la sortie de la roue, force qui se trouve augmentée par la divergence des filets causée par le grand évasement, que j'ai pu me convaincre que, malgré cette divergence, on pouvait tirer de ce principe un effet notablement meilleur, et constituer des récepteurs plus variés.

La propriété de cette machine est de pouvoir utiliser de très-grands volumes d'eau sous des chutes très-faibles; elle est applicable surtout dans les rivières dont les niveaux d'amont et d'aval sont susceptibles de grandes variations, et il se trouve naturellement une espèce de compensation qui conserve au moteur une force à peu près constante, entre l'abaissement de la chute lors des grandes crues avec le volume d'eau que la roue peut utiliser, car ce dernier peut augmenter considérablement pendant l'abaissement de la chute.

Cet effet se produit d'une manière toute naturelle, car la roue étant verticale peut ne plonger dans l'eau que d'une certaine quantité et alors recevoir l'eau sur une très-petite partie seulement de sa circonférence à l'étiage, ou bien au contraire être entièrement couverte d'eau dans les crues et recevoir alors l'eau motrice sur toute sa surface, tout en continuant à marcher d'une manière très-régulière, bien qu'entièrement plongée sous l'eau, ainsi que cela est arrivé fort souvent à Noisiel-sur-Marne.

Le diamètre extérieur de cette roue est de 6 mètres; elle fait de 15 à 16 tours par minute, et peut donner une force de 180 chevaux en marchant pleine d'eau sous une chute de 1 mètre seulement.

La Planche II représente un récepteur à axe horizontal, appliqué à une élévation d'eau chez M. Nicolaï; je l'ai appelé *grande roue-turbine*, car elle peut facilement remplacer les roues de côté ordinaires, tout en conservant les mêmes axes de transmission, ainsi que cela a été fait dans le moulin de M. Nicolaï, où le coursier qui avait été établi pour y placer une roue à palettes planes a pu, sans y rien changer, recevoir la roue-turbine. Ce récepteur peut utiliser des chutes grandes ou moyennes.

Cette roue, comme on peut le voir, ressemble beaucoup à celle de M. Poncelet; l'action de l'eau s'y opère d'ailleurs par le même principe, mais l'eau est introduite par l'intérieur de la couronne, ce qui permet de réaliser dans celle-ci des filets continus de liquide, comme l'indique la théorie de M. Poncelet pour une molécule isolée.

L'eau est donnée par une vanne circulaire qui découvre les orifices successivement, et permet par suite la marche à volume variable, et non-seulement avec les orifices ouverts entièrement et en nombres différents, mais aussi par des fractions d'orifice, ce que permet le redressement des directrices.

Cette roue, qui peut remplacer, comme nous l'avons dit, les roues de côté ordinaires sans rien déranger, se prête à merveille pour mettre en mouvement directement des pompes, en ce qu'elle fait volant.

Le diamètre extérieur de cette roue est de $5^{m},20$; elle fait 11 tours par minute, et avec une chute de $1^{m},40$ et un débit de 1 mètre cube à la seconde, donne 14 chevaux.

La Planche III montre un récepteur que j'appelle *roue-turbine transversale;* il est aussi à axe horizontal et destiné à utiliser des chutes moyennes, dans le cas où l'usine, les canaux d'arrivée et d'évacuation sont à faire; et pour que la distribution de la force se fasse rationnellement, on la place au milieu de l'usine à mouvoir; elle donne une puissance considérable que l'on peut transmettre aussitôt à des premiers arbres à grande vitesse, situés des deux côtés de la roue. C'est en quelque sorte le type à prendre dans la création d'une usine neuve.

Cette roue a 4 mètres de diamètre extérieur; elle fait 25 tours par minute, et sous une chute de 3 mètres et un débit d'eau de 3 mètres cubes elle fait 90 chevaux.

La Planche IV représente une roue-turbine double placée dans le coursier d'une roue de côté ordinaire, prenant l'eau par deux tuyaux décrivant chacun un angle droit, dont l'une des extrémités est fixée à la retenue d'eau, et l'autre aux distributeurs circulaires placés comme dans la roue précédente et munis d'une vanne.

Ce qui la caractérise, c'est en quelque sorte le double effet qu'elle peut produire, et qui lui permet d'utiliser de très-grandes quantités d'eau sous des chutes réduites; mais elle peut aussi marcher avec des volumes très-variables, en faisant arriver l'eau seulement d'un côté au moment des basses eaux, et des deux côtés à la fois lors des eaux moyennes ou des crues.

Le diamètre extérieur de cette roue est de $3^m,40$, sa vitesse de 24 tours par minute; la chute est de $1^m,60$, et, avec un débit de 4 mètres cubes, elle donne (les deux côtés ouverts) une force de 60 chevaux.

La Planche V représente un type de roue-turbine pour les grandes chutes; elle est munie d'une enveloppe pour recueillir l'eau entraînée par la grande vitesse de rotation, qui, sans être en quantité considérable, est projetée assez fortement pour ne pas permettre d'approcher la roue sans se mouiller.

Elle est placée dans le coursier d'une roue en dessus de 10 mètres de diamètre, et son effet a été reconnu supérieur à celui que donnait l'ancienne roue.

Son caractère distinctif est de pouvoir être placée dans un endroit quelconque de l'usine, en l'alimentant par un tuyau qui y amène l'eau sous pression, ce qui peut faciliter la transmission directe à des outils placés dans l'intérieur d'une usine, cylindres à papier par exemple.

Son diamètre est de $1^m,70$, sa vitesse de 90 tours, la chute de $9^m,67$, le volume dépensé d'environ 600 litres, et la force de 60 chevaux environ.

La Planche VI montre une roue-turbine appliquée pour l'utilisation des très-hautes chutes; c'est en quelque sorte le type de la distribution de force à domicile, que j'ai réalisée dans la ville de Gênes. La machine est solidement fixée sur une plaque de fondation qui permet de la transporter toute montée, et ne demande pour son montage d'autre soin que de la fixer sur une pierre de taille appropriée à cet effet.

Elle a un diamètre extérieur de $0^m,33$, elle fait 850 à 900 tours par minute, sous une chute de 50 mètres, et avec un débit d'eau de 9 litres par seconde elle fait 4 chevaux.

La Planche VII représente deux turbines à axe vertical, et à chambre d'eau fermée en fonte, formant un canal qui dirige l'eau dans la couronne des injecteurs à partir du bief supérieur, sans qu'elle éprouve la moindre perte de force vive par des élargissements dans la section; au contraire, la section va toujours en diminuant jusqu'au point où se fait l'introduction dans la couronne des injecteurs.

Cette disposition permet de faire absorber de très-grands volumes d'eau aux turbines à pression forcée dans une capacité très-réduite, et elles ont aussi la faculté de permettre de faire des prises d'eau dans le bief d'amont par des siphons, ce qui peut être d'une haute importance lorsque les travaux de fondation sont difficiles à exécuter, comme cela arrive fort souvent pour utiliser de grands volumes d'eau sous de faibles chutes.

C'est cette disposition qui est représentée par la *fig.* 1. Le vannage se compose de petites vannettes ouvertes et fermées par le mouvement d'un plateau annulaire muni de deux gorges jointes par une voie qui les réunit (en quelque sorte un changement de voie), et au moyen d'une manivelle placée dans l'usine on peut donner le mouvement dans un sens ou dans l'autre; une demi-révolution suffit pour ouvrir ou fermer toutes les vannettes. Comme ces vannettes s'ouvrent une à une, on peut faire varier le volume d'eau à volonté (séance de l'Académie du 9 février 1863). Cette turbine marche à grande vitesse, les courbes sont tracées sur le principe du triangle équilatéral à libre déviation et à veine moulée.

Diamètre moyen de la couronne de la turbine à siphon, $3^m,60$; vitesse de 22 tours; sous une chute réduite de $1^m,60$, un débit de 10 mètres cubes, elle donne 150 chevaux.

La *fig.* 2 représente un type qui convient pour les hautes et moyennes chutes et supprime les chambres d'eau souvent gênantes; la distribution est la même que celle à siphon (*fig.* 1). Cette turbine est construite à libre déviation, à veine détachée; la chute étant assez grande, le volume peut varier également sans nuire au bon rendement.

Le diamètre moyen est de $1^m,80$, le nombre de tours 31 par seconde, la chute $1^m,90$, le débit 1800 litres environ, et la force de 30 chevaux.

La Planche VIII représente deux turbines à bâche fermée; même direction d'eau que dans celle de la Planche VII. Elles sont en quelque sorte destinées à remplir des conditions tout à fait inverses, c'est-à-dire utilisation des volumes presque constants (*fig* 1) et très-variables (*fig.* 2). La turbine de la *fig.* 1 devra être préférée à celle de la *fig.* 2, *Pl. VII*, pour des volumes constants à peu près, car sa disposition, ainsi que son vannage et le tracé des courbes à grande vitesse, permet de débiter de très-grands volumes d'eau avec un appareil très-réduit et peu coûteux. C'est donc le type économique à préférer quand on n'aura pas besoin d'utiliser les volumes variables. La *fig.* 2 au contraire est d'une construction plus compliquée, et pour une même force, toutes choses égales d'ailleurs, la dépense est fortement augmentée; mais elle peut utiliser des volumes très-variables, puisque la disposition de son vannage lui permet d'ouvrir seulement $\frac{1}{40}$ de la totalité des orifices de chaque côté, tandis que dans la *fig.* 2 de la *Pl. VII*, où l'on utilise aussi des volumes variables, il faut ouvrir $\frac{1}{16}$ au moins de chaque côté.

Cette turbine devra donc être préférée pour l'utilisation d'assez hautes chutes, en supprimant la chambre d'eau et pour des volumes très-variables.

La turbine *fig.* 1 a un diamètre de 2 mètres, elle fait 85 tours, la chute est de $5^m,20$, elle débite 2400 litres et donne 110 chevaux.

La turbine *fig.* 2 a un diamètre de $2^m,20$, sa vitesse est de 33 tours, son débit de 3 mètres cubes, et sous la chute de $2^m,365$ elle fait 60 chevaux.

La Planche IX est en quelque sorte le type qui a eu le plus succès; elle est aussi à chambre d'eau fermée, mais elle ne peut débiter que des volumes d'eau moins grands que la turbine *fig.* 2, *Pl. VIII*, car elle ne prend l'eau que par la moitié de la circonférence, en deux quarts opposés, fermés par deux papillons indépendants pour s'ouvrir simultanément ou séparément, ainsi qu'on peut le voir sur la planche représentée *fig.* 2, où l'on voit $7\frac{1}{2}$ orifices ouverts d'un côté, tandis que l'autre reste entièrement fermé. On peut donc, par la disposition de ces deux vannes séparées, diriger le minimum d'eau dont on dispose à l'étiage d'un seul côté, afin de réunir tous les filets ensemble, ce qui donne toujours un meilleur effet, attendu qu'il existe une perte sensible dans le dernier orifice, qui vient en quelque sorte frapper le fond de l'aube au lieu d'y dévier librement. Cette perte serait représentée par une perte double si on ouvrait $3\frac{3}{4}$ d'orifices de chaque côté. Si on ajoute que la fermeture de ces tiroirs circulaires est parfaitement hermétique, on comprend combien cette disposition est précieuse pour les volumes d'eau variables, toujours si difficiles à utiliser par un seul moteur.

Ce type peut donc être appliqué avec avantage dans le cas des chutes assez grandes; mais pour des volumes assez faibles, et lorsqu'on a de très-grands volumes à utiliser sur un seul moteur, celle *Pl. VIII*, *fig.* 2, devra être préférée.

Le diamètre de la couronne mobile est $1^m,50$, elle fait 75 tours; sous une chute de $6^m,70$ et un volume de 1000 litres, elle donne 67 chevaux.

La Planche X représente deux turbines à injection par côté; elles ont eu aussi un très-grand succès. Le mode d'admission de l'eau a beaucoup d'analogie avec les roues-turbines simples, mais elles sont à axe vertical. La première (*fig.* 1) est d'une construction très-solide, elle est pour l'utilisation de très-hautes chutes, quand il s'agit de transmettre le mouvement en un point beaucoup au-dessus du niveau du bief d'aval. Son vannage consiste dans un simple tiroir circulaire, pouvant sortir extérieurement à travers une boîte à étoupes; il ouvre aussi les orifices injecteurs un à un permettant d'utiliser les volumes d'eau variables, tout en facilitant aussi l'augmentation de son diamètre moyen, pour diminuer le nombre de révolutions par minute, ce qui est parfois fort embarrassant dans l'emploi des très-hautes chutes.

Cette disposition, en quelque sorte l'expression de la simplicité, m'a suggéré l'idée de créer un type analogue pour les chutes plus faibles, exigeant moins de solidité et par conséquent pouvant se réduire à une construction moins coûteuse; c'est le système représenté *fig.* 2, qui, comme on peut le voir, ne diffère pas de l'autre en ce qui concerne le vannage, mais qui présente une disposition d'organisation encore plus simple que la *fig.* 1.

Le diamètre de la *fig.* 1 est $1^m,30$; elle fait 226 tours, et, sous une chute de 50 mètres et avec un débit de 270 litres, elle donne une force de 135 chevaux.

Le diamètre de la turbine (*fig.* 2) est de $1^m,30$, elle fait 83 tours, et, avec une chute de 7 mètres et un débit de 230 litres, elle donne 15 chevaux environ.

La Planche XI représente une très-grande turbine à chambre d'eau ouverte, construite pour utiliser des volumes et des chutes très-variables; elle est aussi hydropneumatisée, afin de pouvoir n'ouvrir qu'une portion de ses injecteurs, quand le niveau d'aval commence à monter et qu'il tendrait à noyer la turbine, chose très-funeste pour le rendement si on ne créait pas un niveau artificiel pour la débarrasser des eaux extérieures.

Il est très-nécessaire ici d'utiliser le maximum d'effet, dans le cas des pénuries d'eau, puisque le travail mécanique que la turbine ne développe pas doit être emprunté à une machine à vapeur attelée avec la turbine tout le temps des basses eaux.

Cette turbine est en quelque sorte le type le plus complet de toutes celles construites à chambre d'eau ouverte. En effet, non-seulement elle est munie de vannettes qui s'ouvrent en plein les unes après les autres pour découvrir une certaine quantité d'orifices à la fois; mais il y a aussi, afin de différentier en quelque sorte le travail mécanique que peut donner une seule de ces vannettes, un secteur différentiel qui ouvre un à un les orifices représentant $\frac{1}{60}$ de la totalité; de plus chaque fraction d'orifice est également utilisée d'une manière parfaite par la disposition nouvelle des directrices fortement redressées que facilite le grand évasement de la couronne mobile.

Je puis dire aussi que c'est le type qui a reçu le maximum d'évasement qu'on peut donner utilement, et les expériences mentionnées dans le *Compte rendu de l'Académie des Sciences* du 9 juillet 1862 montrent quels ont été les résultats; on le verra dans la Note qui va suivre, qui donne d'une manière détaillée non-seulement les expériences sur cette turbine, mais aussi sur celle de la *Pl. XII*.

Comme il s'agissait dans cette application d'avoir le maximum d'effet utile sous une chute assez élevée, le tracé des aubes a été fait avec libre déviation à veine détachée.

Le diamètre moyen est de $3^{m},60$, elle fait 18 tours, et, avec un débit de 4728 litres sous une chute de $1^{m},93$, elle donne 97 chevaux (expérience n° 7).

La Planche XII représente une turbine à chambre d'eau ouverte; elle utilise également des volumes d'eau très-variables, mais elle ne s'applique que pour des moteurs assez réduits; car elle prend, comme la turbine *Pl. IX*, l'eau par la moitié de la circonférence, un quart de chaque côté. C'est en quelque sorte la turbine la plus simple que l'on puisse faire à chambre d'eau, en ce sens que le vannage est à papillon, disposition économique et donnant une herméticité complète; ce papillon est devenu d'ailleurs facile à mouvoir, depuis surtout qu'en pratiquant le grand évasement on a pu rétrécir la largeur de la couronne des directrices. Ce moteur est exactement semblable à celui de l'usine à caoutchouc de Persan (Oise), et les résultats des expériences faites sur cette turbine sont consignés dans le même tableau que celles de la turbine *Pl. XI*. Comme on peut le voir, le rendement ne le cède en rien à cette dernière; d'ailleurs son évasement est aussi très-considérable.

Le diamètre moyen de ce récepteur est de $1^{m},70$; il fait 47 tours par minute, et, sous une chute de $3^{m},80$, avec un débit de 800 litres, il donne 28 chevaux.

CHAPITRE V.

Note relative à de nouvelles expériences faites sur deux turbines à libre déviation et présentées à l'Académie des Sciences, séance du 21 juillet 1862.

Les résultats que j'ai eu l'honneur de présenter à l'Académie des Sciences, dans ses séances des 28 avril et 6 octobre 1851 et 23 février 1852, avaient établi que le système de turbine dit *hydropneumatique et à libre déviation* ne laissait rien à désirer quant au rendement qu'on pouvait en obtenir, même avec des volumes et des chutes très-variables.

Plus tard, j'ai présenté à l'Académie, dans sa séance du 30 avril 1855, une Note relative à un nouveau récepteur dit *roue-hélice*, dans l'intérieur des canaux mobiles duquel l'eau ne peut fonctionner utilement qu'à la condition que ces canaux accusent une forme extrêmement évasée de l'entrée à la sortie.

Cet évasement, qui, aux yeux de plusieurs savants ingénieurs, avait paru très-exagéré, au point de devoir compromettre l'effet utile de la machine, n'en a pas moins été justifié par des expériences faites au Conservatoire impérial des Arts et Métiers sur une petite turbine de distribution de force à domicile, destinée à marcher sous 50 mètres de chute, expériences qui ont été présentées par M. le général Morin à l'Académie le 21 juillet 1856.

Prenant comme point de départ ces dernières expériences, je me suis livré, pendant plusieurs années, à l'étude des moyens d'application de ce grand évasement de la couronne mobile aux turbines à axe vertical.

Les premières turbines exécutées sur ce principe ont été établies comme la roue-hélice elle-même, de telle manière que les veines liquides, quoique déviant librement dans les canaux mobiles, les remplissent complétement; ce qui m'a conduit à donner à ce mode d'action le nom de *marche par libre déviation à veines moulées*.

Plusieurs hydrauliciens s'étaient occupés à diverses époques de réaliser ce mode d'action; mais aucun succès n'avait suivi ces tentatives, et on le comprendra facilement si l'on réfléchit qu'on ne pouvait atteindre avec une approximation suffisante le but proposé (en raison des variations de chute et de vitesse qui se présentent dans la pratique) que par une inclinaison des directrices telle, que la vitesse absolue d'arrivée de l'eau, la vitesse de la turbine, et enfin la vitesse relative d'entrée de l'eau fussent égales entre elles, c'est-à-dire formassent les trois côtés d'un triangle équilatéral, car alors l'épaisseur de la veine liquide introduite dans les canaux mobiles reste la même, soit que l'on considère l'un de ces deux cas extrêmes : la turbine marchant avec une vitesse égale à celle de l'eau affluente, et la turbine marchant avec une vitesse presque nulle.

J'ai eu le plaisir de constater, par un grand nombre d'applications, la justesse de ces vues. Je citerai comme exemple les deux turbines de la papeterie de la Haye-Descartes, qui sont établies sur ce principe et alimentées par des siphons ne débitant pas moins de 8 à 10 mètres cubes chacun par seconde, ce mode d'alimentation ayant permis de placer les turbines à fleur de l'étiage d'aval, tandis qu'autrement on eût été obligé, pour avoir une alimentation convenable, de les plonger considérablement au-dessous de cet étiage et d'accroître ainsi beaucoup les difficultés de fondations (séance de l'Académie du 9 février 1863).

C'est principalement au cas des basses chutes combinées avec de très-grands volumes d'eau que j'ai réservé l'application des turbines à veines moulées, parce qu'elles permettent de doubler à peu près la vitesse angulaire des turbines ordinaires. Mais il n'en était pas moins intéressant d'étendre aussi l'étude du principe du grand évasement aux turbines qui avaient fait l'objet des communications d'octobre 1851 et d'avril 1852, turbines à petite vitesse, et que j'appellerai désormais (pour les distinguer de celles dont nous venons de parler) *turbines marchant par libre déviation à veines détachées.*

C'est des résultats de cette dernière étude que je viens aujourd'hui entretenir l'Académie, en lui soumettant les expériences faites sur deux turbines de ce dernier système, l'une établie dans la manufacture de M. Rousseau de Lafarge, à Persan (Oise), sous une chute dont le niveau d'aval est très-peu variable; l'autre, montée avec la collaboration de M. Ch. Callon, ingénieur, dans la filature de MM. Ch. Révil et Cie, à Amilly, près Montargis (Loiret), sous une chute présentant des volumes et des niveaux très-variables; ce qui a motivé pour cette turbine l'établissement d'un appareil hydropneumatique destiné à la faire marcher dans l'air comprimé.

Dans la première de ces deux turbines, le rapport des largeurs à l'entrée et à la sortie de la couronne mobile est celui de $0^m,110$ à $0^m,350$, et dans la seconde il est celui de $0^m,246$ à $0^m,900$. Ces deux rapports, qui reviennent à peu près à celui de 1 à $3\frac{1}{2}$, sont tout à fait contraires aux indications qu'on rencontre dans les auteurs qui ont écrit sur ces matières; et cependant, si l'on calcule aussi approximativement que possible les pertes de force vive à la sortie du récepteur, qui sont la conséquence d'un évasement tel que celui que nous venons de définir, on s'aperçoit facilement que le bénéfice qu'on retire de cet évasement, par suite du petit angle sous lequel il est possible alors de faire sortir l'eau, est supérieur à la perte.

Les expériences consignées dans le tableau qui suit en sont d'ailleurs la démonstration expérimentale.

Ce tableau est divisé en deux séries distinctes, l'une appartenant à la turbine de la manufacture de caoutchouc de Persan, et comprenant quatre expériences; l'autre appartenant à la filature d'Amilly, et comprenant dix expériences.

Le volume assez faible dont on disposait dans le premier cas a permis de jauger, par un barrage en déversoir et en mince paroi établi dans le canal de fuite à une distance suffisante de la turbine, l'eau que celle-ci débitait.

La contraction de la veine fluide avait lieu sur les trois côtés de ce déversoir, et son seuil était relevé au-dessus du fond du canal de $0^m,60$ environ, c'est-à-dire d'une quantité telle, que la profondeur de l'eau en amont du barrage était égale à quatre ou cinq fois la hauteur de la surface fluide au-dessus dudit seuil ou crête du déversoir.

Nous nous étions mis ainsi autant que possible dans les conditions des deux déversoirs à contraction complète expérimentés par M. Lesbros, lesquels avaient leur seuil ou crête à $0^m,54$ au-dessus du fond du déversoir.

Les expériences de M. Lesbros pour les charges comprises entre $0^m,14$ et $0^m,195$ ont donné en moyenne des coefficients de $0^m,393$ et $0^m,398$ suivant que la largeur du déversoir était de $0^m,200$ ou de $0^m,600$.

Ici, où cette largeur était de 4 mètres, nous avons cru devoir adopter pour coefficient de la dépense le nombre de 0,405 indiqué par MM. Poncelet et Lesbros comme une moyenne à prendre dans les cas ordinaires d'application.

Nous avons obtenu ainsi les volumes inscrits dans la dixième colonne du tableau, et comme nous connaissions par les colonnes sixième et huitième la charge génératrice sur les orifices injecteurs de la turbine et la section de ces orifices, nous avons pu calculer le volume théorique débité par eux et en déduire les coefficients qui leur conviennent.

Nous avons trouvé les quatre nombres : 0,876, 0,858, 0,863 et 0,812 qui ne diffèrent les uns des autres que dans la limite que comporte, soit le degré de précision propre à des expériences de cette nature, soit le degré d'exactitude que l'on peut attendre dans l'exécution d'orifices qui n'ont que $0^m,028$ dans le sens de leur plus petite dimension. Ajoutons que la moyenne 0,852 de ces quatre nombres concorde parfaitement avec le coefficient 0,85 que nous adoptons habituellement dans les calculs d'établissement des turbines du genre de celle-ci, où les veines liquides injectées avec la vitesse due à la charge d'eau au-dessus des orifices agissent dans les canaux mobiles sans les remplir, c'est-à-dire en se détachant de leurs parois convexes, et en s'appliquant, au contraire, sur leur concavité.

C'est, par conséquent, en appliquant ce même coefficient de 0,85, et à l'aide des nombres des sixième et huitième colonnes du tableau, que nous avons calculé le débit de la turbine d'Amilly pour les huit premières expériences où cette turbine, plongée de $0^m,59$ sous l'eau d'aval, tournait néanmoins dans l'air comprimé, c'est-à-dire était hydropneumatisée.

Pour les deux dernières expériences, dans lesquelles la turbine s'agitait dans l'eau d'aval (l'action de l'appareil hydropneumatique ayant été à dessein suspendue), la charge génératrice de la vitesse d'écoulement n'était autre que la chute elle-même inscrite dans la cinquième colonne.

En comparant les rendements inscrits à la quatorzième colonne avec ceux qui faisaient l'objet de mes communications des 6 octobre 1851 et 23 février 1852, on trouve que ces derniers sont au moins atteints sinon dépassés.

On peut donc affirmer que l'application d'un très-large évasement de la couronne mobile n'a eu, contrairement aux craintes qui avaient été exprimées, aucune influence fâcheuse sur le rendement du récepteur. Mais il faut considérer, en outre, que cette application, en permettant d'avoir des orifices injecteurs moins larges, toutes choses égales d'ailleurs, a permis, par cela même, d'avoir des vannages d'une manœuvre plus facile, et des aubes directrices plus minces, par conséquent mieux disposées pour l'introduction des veines liquides.

On remarque que la turbine d'Amilly, quoique plus puissante que celle de Persan, semble accuser un rendement sensiblement plus faible. Mais cette anomalie n'est qu'apparente, car elle est due, 1° et pour la plus grande part, à ce que le frein dans le premier cas a dû être mis sur un arbre de couche commandé par la turbine, tandis qu'à Persan on a pu le placer sur l'arbre même du récepteur; 2° à ce que la turbine de Persan était naturellement dénoyée, tandis que pour la turbine d'Amilly il fallait prélever sur le travail transmis par le récepteur celui qu'exigeait la mise en mouvement de l'appareil d'insufflation ou appareil hydropneumatique.

En comparant pour cette même turbine d'Amilly l'expérience n° 7 avec celles n°s 7 *bis* et 7 *ter*, on pourra apprécier l'avantage dû à l'hydropneumatisation dans une circonstance où la machine recevait l'eau sur les $\frac{48}{72} = \frac{2}{3}$ de sa circonférence.

Le bénéfice s'élève à

$$\frac{0,799 - 0,704}{0,704} = 13 \text{ à } 14 \text{ pour } 100,$$

chiffre qui concorde bien avec ceux rapportés dans le *Compte rendu* de l'Académie du 23 février 1852 pour des circonstances semblables.

Il devrait être inutile d'ajouter que ce bénéfice va en augmentant, au fur et à mesure qu'on donne l'eau sur un arc moins étendu de la couronne mobile.

Mais comme le principe de l'hydropneumatisation et ses conséquences n'ont pas toujours été parfaitement compris par les industriels, je crois devoir faire remarquer, en terminant cette Note, que l'hydropneumatisation a pour but de remédier à trois pertes bien distinctes d'effet utile, occasionnées par l'immersion d'une turbine dans l'eau d'aval.

Les deux premières pertes, qui sont les moins importantes, sont les seules qui se manifestent lorsque la turbine reçoit l'eau sur tout son pourtour. Il s'agit ici, d'une part, du frottement de la turbine dans le milieu liquide où elle tourne; d'autre part, des perturbations qui résultent de ce que la partie des canaux mobiles d'où se détachent les veines d'eau motrices et qui se remplissent d'air (1) lorsque la turbine n'est pas noyée; ils se remplissent, dans le cas contraire, d'eau relativement stagnante qui entrave la libre déviation de l'eau motrice.

Mais la troisième perte, qui est la plus importante, se présente lorsqu'une turbine plus ou moins noyée n'est alimentée que sur une portion de son pourtour. En effet, lorsque les aubes de la turbine, après s'être remplies de l'eau d'aval en passant sous l'arc non alimenté, viennent à passer sous les orifices injecteurs, il doit se produire entre la masse d'eau relativement stagnante qui remplit les aubes mobiles et les premiers filets affluant du bief d'amont, qui rencontrent cette masse d'eau, un véritable choc analogue à celui qui s'opère entre deux masses solides qui se rencontrent avec

---

(1) A la pression atmosphérique, si la turbine tourne au-dessus de l'eau d'aval; à la pression déterminée par le regord, si la turbine tourne au-dessous du bief d'aval, mais dans l'air comprimé.

des vitesses différentes; de là une perte de force vive ou de travail. Mais ce n'est pas tout : les veines d'eau motrices, qui ont perdu par suite du choc une partie de la vitesse relative qui leur était nécessaire (pour dévier librement dans les canaux mobiles et en sortir avec une vitesse absolue, nulle ou à peu près nulle), sont entraînées dans le mouvement de rotation de la turbine, et une nouvelle perturbation non moins grave s'ajoute ainsi à celle qu'a occasionnée le choc proprement dit.

Explication de la Planche sur les études comparées du mouvement de l'eau dans les turbines.

Fig. 1 et 2. — Ces figures représentent l'admission de l'eau sous pression accélératrice, sans choc et à évacuation forcée, lorsque les vannages sont entièrement ouverts; et, lorsqu'ils sont ouverts en partie, l'admission se fait alors sans pression accélératrice, mais avec choc; l'évacuation est à peu près continue dans les aubes à injection horizontale (*fig.* 1) et discontinue dans celles à admission verticale (*fig.* 2).

Ces deux dispositions, sauf le quart de conversion que M. Fourneyron a fait faire à l'appareil d'Euler (que je considère seulement à l'état de théorie, lorsque M. Fourneyron en a fait un admirable moteur industriel), ont une ressemblance assez frappante; seulement, dans la *fig.* 2 on a fait faire à leur tour un quart de conversion aux aubes de la *fig.* 1, lorsque celui-ci avait reçu tous les perfectionnements que pouvait comporter ce mode d'action de l'eau motrice.

La *fig.* 3 représente l'expression théorique du nouveau mode d'action de l'eau, que je nomme *à admission sans pression et sans choc, et à évacuation continue par libre déviation.* C'est la figure de démonstration qui fait voir que l'action attribuée à la force centrifuge, dans la théorie qu'on a faite de ce mode d'action, n'existe pas. On peut voir que le mouvement absolu de l'eau, à la sortie de la très-petite aube tracée sur le bord de la couronne intérieure, n'est changé ni en grandeur ni en direction, mais que cette eau parcourt des zones dans le sens du rayon, dont la vitesse va en augmentant jusqu'au bord extérieur de la couronne, et si dans ce cas le mouvement relatif se trouve augmenté, c'est par le fait de points successifs qui se meuvent avec des vitesses de plus en plus grandes, devant le filet liquide, et non par la force centrifuge, puisque ce filet n'a pas été touché par les parois du système tournant.

Les choses se passent de même quand on agrandit cette courbe de manière à réunir les deux bords extérieur et intérieur de la couronne; seulement, comme l'action de l'eau motrice vient se concentrer au point milieu de sa largeur, c'est ce point qui devra prendre la vitesse que prendrait le point où est construite la petite aube, pour que l'action par libre déviation ait son effet maximum; ce qui est d'ailleurs démontré par la théorie très-simple exposée au chapitre II.

La *fig.* 4 représente la réalisation du nouveau mode d'action de l'eau que je nomme *à admission sans pression et sans choc, et à évacuation continue par libre déviation*, les orifices étant toujours ouverts de toute leur hauteur, et en nombre suffisant pour admettre le volume variable qu'on peut avoir à utiliser.

Cette figure représente le tracé des aubes directrices et mobiles de l'application sans évasement sensible (Égreville, 1851).

Les *fig.* 5 et 6 sont les pendants de 1 et 2, tellement il y a de similitude entre ces figures. En effet, l'eau est admise verticalement dans les deux, seulement 5 a son axe horizontal, tandis que 6 a le sien vertical. Dans ce nouveau tracé, pour opérer d'une manière plus rationnelle la libre déviation, les parois des deux couronnes mobiles sont considérablement évasées; c'est ce que montre la coupe en travers au milieu des deux figures et commune aux deux. (*Voir* chap. I, *Réalisation de la libre déviation à veine détachée*; expériences du Conservatoire, 1856.)

Expériences faites au Conservatoire impérial des Arts et Métiers sur une turbine à dépense constante, construite par M. Girard pour chute de 50 mètres.

(Le diamètre de l'arbre sur lequel le frein est appliqué égale $0^m,070$. Le bras de levier du frein égale $0^m,483$.)

NUMÉROS des expériences.	CHUTE moyenne.	DURÉE de l'expérience.	TOURS de la turbine par minute.	VITESSE relative du frein.	CHARGE du frein.	TRAVAIL mesuré sur le frein.	DÉPENSE d'eau par seconde.	TRAVAIL moteur en eau écoulée.	RENDEMENT pour 100.	OUVERTURE de vanne calculée.	OBSERVATIONS.
	m	"		m	k	kgm	lit	kgm			
1	3,88	930	156,81	7,934	2,787	22,11	8,01	31,08	0,711	0,94	Cette ouverture de vanne, exprimée en fonction de la section totale de la vanne entièrement ouverte, a été calculée dans chaque expérience d'après la vitesse de l'eau résultant de la hauteur de chute; les chiffres ainsi obtenus font connaître jusqu'à quel point la diminution de l'orifice d'admission exerce une influence sur l'effet utile de la machine.
2	6,898	»	296,95	15,025	1,000	15,02	3,575	24,66	0,609	0,32	
3	6,583	240	287,30	14,537	2,000	29,07	6,76	44,52	0,652	0,61	
4	7,074	600	268,60	13,591	3,987	54,18	10,10	71,45	0,758	0,88	
5	10,083	300	346,80	17,548	1,500	26,32	4,26	42,99	0,612	0,31	
6	9,87	240	340,00	17,204	3,000	51,61	7,71	76,09	0,678	0,57	
7	9,491	240	380,80	19,268	5,000	96,34	13,32	126,42	0,762	Entièrem.	
8	12,159	180	360,40	18,236	3,000	54,70	6,48	78,79	0,693	0,43	

Il résulte de ces chiffres :

1° Que l'effet utile de la turbine de M. Girard, sous des chutes qui ont varié de 4 mètres à 12 mètres, et pour des volumes d'eau de 4 à 15 litres d'eau par seconde, ne s'est jamais abaissé au-dessous de 0,65 ;

2° Que cet effet utile diminue avec l'ouverture de la vanne sans être jamais inférieur à 0,71, lorsque la vanne est entièrement ouverte ;

3° Que pour les chutes les plus considérables, de 9 à 10 mètres, parmi celles dont on a pu disposer et pour une complète ouverture de vanne, le rendement s'est élevé à 0,76.

Paris, le 9 juin 1856.

Signé H. Tresca, sous-directeur du Conservatoire des Arts et Métiers.
Contre-signé Morin.

Tableau des expériences faites sur les turbines à libre déviation et large évasement et à petite vitesse, établies en 1861 aux usines de Persan (Oise) et d'Amilly (Loiret).

DÉSIGNATION DES TURBINES.	NUMÉROS DES EXPÉRIENCES.	CHARGE DU FREIN : Turbine de Persan, $r = 2^m,40$. Turbine d'Amilly, $r = 3^m,00$. P	NOMBRE DE TOURS DE L'ARBRE par minute. N	CHUTE. H	CHARGE SUR LE CENTRE des orifices injecteurs, génératrice de la vitesse des veines d'eau affluentes : Turbine de Persan, $C = H - 0^m,19$. Turbine d'Amilly hydropneumatisée, $C = H - 0^m,40$. C	NOMBRE D'ORIFICES OUVERTS. n	SECTION TOTALE des orifices injecteurs ouverts : Turb. de Persan, $n \times 0^m,11 \times 0^m,028$. Turb. d'Amilly, $n \times 0^m,246 \times 0^m,086$. S	HAUTEUR DE L'EAU dans le canal de fuite au-dessus de la crête du déversoir (largeur du déversoir, 4^m). h	VOLUME D'EAU DÉBITÉ PAR SECONDE, déduit du jaugeage par déversoir : $Q = 0,405 \times 4^m \times h \times \sqrt{2gh}$. Q	VOLUME D'EAU DÉBITÉ PAR SECONDE, calculé par les orifices injecteurs de la turbine : $Q = 0,85 \times nS \times \sqrt{2gC}$. Q	TRAVAIL THÉORIQUE, exprimé en chevaux : $T = \frac{QH}{75}$. T	TRAVAIL EFFECTIF EN CHEVAUX, calculé au moyen du frein : $T' = \frac{P.2\pi rN}{60 \times 75}$. T'	RENDEMENT DE LA TURBINE. $\frac{T'}{T}$	OBSERVATIONS.
		k	t	m	m m m		mq	m	lit	lit	ch	ch		
Turbine de Persan.	1	84,000	36,00	2,660	2,66 — 0,19 = 2,470	20 (sur 40)	0,06160	0,140	375,81	"	13,33	10,13	0,7603	La turbine marchait hors l'eau d'aval ; la chute, par conséquent, était comptée depuis le niveau d'amont jusqu'au plan inférieur de la couronne mobile.
	2	99,000	38,00	2,610	2,610 — 0,19 = 2,420	24 "	0,07392	0,155	437,87	"	15,24	12,61	0,8273	
	3	124,000	38,00	2,485	2,485 — 0,19 = 2,295	32 "	0,09856	0,185	570,96	"	18,92	15,79	0,8347	
	4	134,000	37,00	2,590	2,590 — 0,19 = 2,400	36 "	0,11088	0,195	617,86	"	21,34	16,61	0,7787	
												Moy...	0,80	
Turbine d'Amilly.	1	74,100	70,25	1,794	1,794 — 0,400 = 1,394	14 (sur 72)	0,296184	"	"	1316,5	31,49	21,80	0,692	La turbine était à $0^m,60$ au-dessous du niveau d'aval ; mais elle était dénoyée par l'action de l'appareil dit hydropneumatique.
	2	99,100	70,53	1,820	1,820 — 0,400 = 1,420	18 "	0,380808	"	"	1708,4	41,46	29,28	0,706	
	3	135,600	70,27	1,805	1,805 — 0,400 = 1,405	24 "	0,507744	"	"	2265,7	54,53	39,91	0,732	
	4	165,600	73,64	1,770	1,770 — 0,400 = 1,370	30 "	0,634680	"	"	2796,7	66,00	51,80	0,774	
	4 *bis*	175,600	71,40	1,800	1,800 — 0,400 = 1,400	30 "	0,634680	"	"	2827,1	67,85	52,52	0,774	
	5	217,100	68,09	1,778	1,778 — 0,400 = 1,378	36 "	0,761616	"	"	3365,0	79,79	61,92	0,776	
	6	243,600	70,56	1,770	1,770 — 0,400 = 1,370	42 "	0,888552	"	"	3915,4	92,40	72,00	0,779	
	7	285,600	81,32	1,930	1,930 — 0,400 = 1,530	48 "	1,015488	"	"	4728,6	121,00	97,28	0,799	
												Moy...	0,754	
	7 *bis*	285,600	80,75	1,950	1,950	48 "	1,015488	"	"	5338,4	138,80	96,60	0,696	La turbine tournait dans l'eau, noyée de $0^m,250$
	7 *ter*	305,600	76,00	1,930	1,930	48 "	1,015488	"	"	5310,8	136,66	97,29	0,712	
												Moy...	0,704	
(1)	(2)	(3)	(4)	(5)	(6)	(7)	(8)	(9)	(10)	(11)	(12)	(13)	(14)	

CONCLUSION.

Je ne terminerai pas ce travail sans attirer l'attention sur un fait des plus graves qui ôterait, s'il se consommait, tout moyen d'action aux hommes sans fortune et sans traitement de l'État, mais occupés de l'application des sciences au bienfait de l'humanité : je veux parler des atteintes portées, dans ces derniers temps, à l'occasion de la dernière Exposition de Londres, à l'institution des brevets d'invention.

Qu'il me soit permis de dire ici que la plupart des personnes les plus désintéressées ont absolument besoin de cette institution pour donner cours à leur imagination et en faire sortir des bienfaits matériels souvent utiles aux solutions scientifiques.

Je citerai, par exemple, le long travail que je viens de terminer, ou du moins que je regarde comme terminé pour moi, afin de laisser aux autres le soin de pousser plus loin encore les investigations en matière d'hydraulique appliquée.

Les quinze récepteurs dont j'ai décrit les caractères respectifs au chapitre IV m'ont conduit, dans ces longues études, à exécuter environ 2500 plans qu'il ne faudrait pas évaluer à moins de 40 francs chacun, soit donc un déboursé de 100,000 francs, et si j'ajoute à cette somme celle dépensée aux divers essais toujours fort coûteux, et les pertes éprouvées dans les premières applications, le plus souvent par le fait de circonstances que la science était impuissante à indiquer, j'évalue que cette dépense totale a atteint le chiffre énorme de 150,000 francs.

Or, je me demande comment j'aurais pu me procurer une pareille somme sans le secours de brevets pour faire respecter mes droits, car, je dois le dire, à chaque progrès accompli qui avait absorbé les ressources fournies par mes précédentes applications, les guetteurs d'idées nouvelles ne tardaient pas à me copier, et c'est par le fait de cette usurpation qu'à l'heure où j'écris ces lignes, je ne suis pas plus avancé dans ma fortune pécuniaire que lorsque j'ai commencé voilà plus de vingt ans.

Je ne m'en plains pas, seulement je m'en rapporte philosophiquement à la grâce de Dieu, compensateur caché qui n'oublie pas les êtres qu'il envoie sur la terre, et mon seul désir actuel serait de pouvoir publier un ouvrage complet en choisissant une centaine de planches, des études les plus récentes, d'un grand format, ayant servi à l'exécution, et de faire profiter tout de suite les souscripteurs de tous mes droits et surtout de mes nouveaux travaux.

Je ne dois pas oublier ici mon très-estimable ami et collaborateur M. Ch. Callon, ingénieur distingué, pour tous les bons soins qu'il m'a donnés dans l'application et la propagation de mes travaux; c'est un véritable plaisir de rendre justice à la probité et au savoir d'hommes de mérite. Disons aussi qu'il a géré mes finances avec une parcimonie digne de tout éloge, ce qui m'a débarrassé en grande partie de cette préoccupation; disons enfin qu'il a défendu, avec une éloquence digne de nos meilleurs avocats, mes droits souvent menacés; d'ailleurs, en cela, il défendait l'application d'un principe qui avait été l'objet de ses premières études à sa sortie de l'École centrale.

PARIS. — IMPRIMERIE DE MALLET-BACHELIER, RUE DE SEINE-SAINT-GERMAIN, 10, PRÈS L'INSTITUT.

LIBRAIRIE DE MALLET-BACHELIER,
Quai des Augustins, 55.

OUVRAGES DE M. L.-D. GIRARD,
Ingénieur civil.

Nouveaux Barrages dits Barrages hydropneumatiques fixes et mobiles. In-4, avec une grande planche coloriée; 1850. .... 5 fr.

La Planche coloriée se vend séparément .... 3 fr.

Hydraulique appliquée. — Nouveau système de locomotion sur les chemins de fer. In-4, avec une grande planche coloriée; 1852. 7 fr.

La Planche Ire coloriée se vend séparément .... 5 fr.

Chemin de fer hydraulique. — Machine hydraulique pour refouler l'eau dans la conduite, pouvant s'appliquer aussi à toute espèce d'élévations d'eau. In-4, avec deux grandes planches coloriées; 1854. 10 fr.

La Planche IIe (**machine à vapeur**) se vend séparément .... 5 fr.

La Planche IIIe (**pompe à eau**) se vend séparément .... 3 fr.

Turbine sans directrices. La Planche IVe coloriée (*roue-hélice à axe vertical, ou Turbine sans directrices*) se vend séparément (sans texte); 1854. 5 fr.

Expériences sur les Turbines faites au Conservatoire des Arts et Métiers, en juin 1856. In-4 .... 50 c.

Note sur les Expériences des Surfaces glissantes et sur leur application aux Pivots des arbres verticaux. — Application des Surfaces glissantes. In-4, avec une planche; 1862-1863 .... 1 fr. 75 c.

Roue-Turbine. — Nouveau Récepteur hydraulique à axe horizontal, à libre déviation des veines liquides continues sur la concavité des aubes courbes. In-4, avec une planche; 1863. 1 fr. 50 c.

Nouveau mode d'action de l'eau motrice et réalisation de très-grands Siphons. In-4, avec une planche; 1863. .... 1 fr. 25 c.

Chemin de fer hydraulique. — Distribution d'eau et de force motrice à domicile. 1 planche in-plano .... 10 fr.

HYDRAULIQUE. — Utilisation de la force vive de l'eau appliquée à l'industrie. — Critique de la Théorie connue et exposé d'une Théorie nouvelle. In-4, avec 13 planches; 1863 .... 15 fr.

PARIS. — IMPRIMERIE DE MALLET-BACHELIER, RUE DE SEINE-SAINT-GERMAIN, 10, PRÈS L'INSTITUT.

www.ingramcontent.com/pod-product-compliance
Ingram Content Group UK Ltd.
Pitfield, Milton Keynes, MK11 3LW, UK
UKHW021143220726
13924UKWH00003B/1001

9 782019 952853